예술 작품의 샘

클로스터만 붉은 시리즈 Klostermann RoteReihe에 속하는 이 책은 마르틴 하이데거의 전집 5권의 2판 및 단행본 『숲길』의 8판과 모든 낱말 및 쪽수가 일치한다. 게다가 이 책은 『예술 작품의 샘』의 1935년의 초판본과 함께 한스-게오르크 가다머가 작성한 「입문」도 레클람 출판사의 선선한 동의를 받아 포함하고 있다.

예술 작품의 샘

지은이 / 마르틴 하이데거
옮긴이 / 한충수
펴낸이 / 강동권
펴낸곳 / (주)이학사

1판 1쇄 발행 / 2022년 8월 10일
1판 2쇄 발행 / 2024년 11월 20일

등록 / 1996년 2월 2일 (신고번호 제1996-000015호)
주소 / 서울시 종로구 율곡로13가길 19-5(연건동 304) 우 03081
전화 / 02-720-4572 · 팩스 / 02-720-4573
홈페이지 / ehaksa.kr
이메일 / ehaksa1996@gmail.com
페이스북 / facebook.com/ehaksa · 트위터 / twitter.com/ehaksa

한국어판 ⓒ (주)이학사, 2022, Printed in Seoul, Korea.

ISBN 978-89-6147-413-9 93100

DER URSPRUNG DES KUNSTWERKES by Martin Heidegger

taken from Martin Heidegger: Holzwege(pp. 1-74)
Copyright ⓒ Vittorio Klostermann GmbH, Frankfurt am Main 1950.

All Rights Reserved.
Korean Translation Copyright ⓒ 2022 Ehaksa Inc.

This Korean edition is published by arrangement with Vittorio Klostermann GmbH through Guy Hong Agency.

이 책의 한국어판 저작권은 기홍에이전시를 통해 Vittorio Klostermann 출판사와 독점 계약한 (주)이학사에 있습니다. 저작권법에 의해 한국 내에서 보호를 받는 저작물이므로 무단 전재와 무단 복제를 금합니다.

* 이 역서는 2019년 대한민국 교육부와 한국연구재단의 인문사회분야 신진연구자지원사업의 지원을 받아 수행된 연구임(NRF-2019S1A5A8033588).

* 책값은 뒤표지에 표시되어 있습니다.

예술 작품의 샘

Der Ursprung
des Kunstwerkes

마르틴 하이데거 지음
한충수 옮김

이학사

일러두기

1. 이 책은 Martin Heidegger, *Der Ursprung des Kunstwerkes*(Vittorio Klostermann, 1. Auflage 2012)를 한국어로 옮긴 것이다.
2. 이 책의 각주는 원서의 각주를 옮긴 것이다.
3. 원서의 이탤릭체는 고딕체로 표기했다.
4. 인명, 지명, 작품명 및 그리스어, 라틴어 등의 발음 표기는 외래어표기법을 따랐다.
5. ' '과 " "는 지은이가 사용한 인용 부호를 옮긴 것이다.
6. 부호의 쓰임은 다음과 같다.
   『 』: 도서명(희곡 포함)
   「 」: 논문명, 강연명, 시 제목
   〈 〉: 곡, 그림 제목
   ( ): 지은이의 부연 설명
   …: 지은이의 말줄임표
   […]: 지은이의 생략
   [ ]: 독일어와 한국어 사이의 문법 및 의미 차이를 좁히기 위해 옮긴이가 넣은 표현, 여러 의미로 읽을 수 있는 독일어 표현에 대한 다른 가능한 번역
   —, -: 이 기호들은 지은이가 사용한 것이고 그의 생각의 흔적을 고스란히 전달하기 위해 그대로 옮긴다.
7. 독일어 낱말들 사이에서 보이는 긴밀한 관계를 나타낼 필요가 있으면 그 낱말들을 해당 한국어 번역어 뒤에 함께 썼다.
8. 번역어의 의미를 분명히 할 필요가 있으면 한자를 병기하고, 독일어에 상응하는 영어 및 라틴어를 병기하기도 했다.
9. 그리스어나 라틴어로 된 낱말과 문장은 먼저 그 발음을 표기하고 그 뒤에 원문을 적었다. 필요할 경우 그리스어를 로마자로 음차한 것을 병기했고, 이어지는 [ ] 속에는 그 의미를 적기도 했다.
10. 독일어 Sein(존재)의 고어 Seyn은 존짓로 옮겼다.
11. 여백의 로마자와 아라비아숫자는 원서의 쪽수다.

차례

편집자의 서언　7

예술 작품의 샘(1935/36)　13
　　사물과 작품　21
　　작품과 진실　55
　　진실과 예술　88
　　후기　125
　　부록　131

예술 작품의 샘에 대하여(샘으로부터)(초판본, 1935)　141
　　I. 작품으로서 예술 작품　148
　　II. 작품의 샘으로서 예술　170

입문을 위하여(한스-게오르크 가다머, 1960)　189

편집자의 서언

마르틴 하이데거의 논문 「예술 작품의 샘Der Ursprung des Kunstwerkes」은 1950년에 논문집 『숲길Holzwege』에 포함되어 비토리오 클로스터만 출판사에서 발행되었다. 이 책은 그 논문이 단행본으로 출간된 것이다. 논문집 『숲길』에 실린 논문들을 소개하는 「안내문」에서 하이데거는 논문 「예술 작품의 샘」에 관해 다음과 같이 알려준다. "초판본은 1935년 11월 13일에 프라이부르크의 예술학 학회에서 행해진 강연의 내용으로 이루어진다. 이 강연은 1936년 1월에 취리히에서 대학교 총학생회의 초청을 받아 다시 한번 행해졌다. 여기에 실린 판본은 프랑크푸르트의 자유 독일 주교구에서 1936년 11월 17일과 24일 그리고 12월 4일에 행해진 세 개의 강연을 포함하고 있다. 「후기」의 일부는 나중에 작성되었다."

1960년 [독일 출판사] 레클람의 일반 도서관Reclams Universalbibliothek 총서叢書의 한 권으로 예술 작품-논문의 특별판(저작권 취득 판본)이 출간되었다. 이 특별판의 「서문」에서 하이데거는 다음과 같이 쓴다. "이 특별판에 수록된 『숲길』의 글[「예술 작품의 샘」]은 새로 교정되었다. 1956년에 작성된 「부록」은 몇몇 주요 구절을 해명한다." 이 글은 저작권 취득 판본으로 출간되기 위해 여러 구절에서 가볍게 수정되고 더 많은 문단으로 분절되었다. 같은 글은 1977년에 전집 5권으로 발행된 개정판 『숲길』의 토대가 되었다. 하이데거는 예술 작품-논문의 몇몇 판본을 소장하고 있었고, 그 책들의 본문 가장자리에 메모들을 써놓았다. 그 메모들은 [개정판『숲길』에] 알파벳 소문자[이 책에서는 아라비아숫자]가 붙은 각주의 형태로 최초로 수록되었다. 지금 단행본으로 펴낸 텍스트 「예술 작품의 샘」은 [하이데거] 전집 5권에 실린 글과 모든 낱말 및 쪽수가 일치한다. 가장자리 메모들은 [하이데거가] 소장하고 있던 1950년 『숲길』 1판, 1957년 『숲길』 3판에 수록된 예술 작품-논문의 별쇄본 그리고 특히 1960년에 출간된 레클람 특별판 두 권으로부터 유래한다. 이 두 권 가운데 한 권에 여러 흰 메모지가 끼워져 있고, 그 한 권에 가장자리 메모 대부분이 포함되어 있다. 각 메모의 출처는 각주 번호 뒤에 표시했다.

　게다가 이 단행본은 예술 작품-논문 뒤에 그 1935년 초판본인 「예술 작품의 샘에 대하여[샘으로부터]」도 수록하고 있다. 이 초판본은 [학술지] 『하이데거 연구』(5호, 던커 & 훔블로트 출판사, 베를린)에서 1989년에 최초로 발행되었다. 편집자는 이 초판본의 글을 하이데거가 손으로 쓴 원고와 비교하여 한 번 더 검토했고 몇몇 구절을 그 원고에 맞게 조정했다. 또 단행본은 한스-게오르크 가다머가 1960년 레클람 출판사 특별판을 위해 작성한 글 「[「예술 작품의 샘」] 입문을 위하여」로 끝을 맺는다. 이 글에 대해 하이데거는 [특별판의] 서문에서 다음과 같이 말한다. "가다머가 작성한 입문은 나의 후기 저술을 읽는 독자에게 결정적인 눈짓을 보낸다."

*

논문 「예술 작품의 샘」의 「부록」(1956)을 하이데거는 다음과 같은 구절로 마친다. "당연히 어떤 독자는 이 논문을 우연히 발견하여 피상적으로 읽을 수 있다. 처음에 그리고 그후에도 오랫동안 그 독자는 생각되어야 할 것[존재]이 흘러나온 영역, 즉 말해지지 않은 원천의 영역을 바탕으로 하는 [이 논문의] 사태들 사이의 관계를 나타내지도 설명하지도 못할 것이다. 이 곤경은 여전히 피할 수 없다."(이 책의 138-139쪽) 30년대 중반에 행해진 예술 작품의 샘에 관한 강연들에서 언급된 "말해지지 않은 원천의 영역"은 바로 하이데거가 존재의 역사 또는 사건[존재 사건]의 역사에 대해 생각한 작업을 가리킨다. 그 작업은 그가 여섯 겹으로 엮인 얼개로 1936/1937년과 1938년 사이에 손으로 쓴 원고『철학에의 기여(사건에 대하여)Beiträge zur Philosophie(Vom Ereignis)』속에서 실행되었다. 이 원고는 위대한 존재의 역사에 대한 총 7권으로 이루어진 연구[전집 65권부터 71권까지] 가운데 첫 번째 것으로서 마르틴 하이데거의 100번째 생일을 기념하여 1989년에 비로소 유작으로 발행되었다.「현-존재의 근거를 둠, 그리고 진실을 품는 궤도들」이란 제목이 붙은 247번 단편에는 다음과 같이 적혀 있다. "'예술 작품의 샘'에 대한 고립된 물음은 그 영역에서 끌어내려졌기에 그 영역에 속한다(프라이부르크와 프랑크푸르트의 강연들을 참조하라)."(전집 65권, 392쪽) 따라서『철학에의 기여(사건에 대하여)』가 출간된 후 예술 작품-논문에서 아직 "말해지지 않은 원천의 영역"에 접근할 수 있게 되었다. 그래서 이제는 예술 작품-논문에서 생각되었던 사태들 사이의 관계가 이 영역을 바탕으로 이해되고 설명될 수 있다. 처음 발행된「부록」(1960)에서 하이데거가 예술 작품-논문의 "말해지지 않은 원천의 영역"으로 무엇을 의도했는지는『철학에의 기여(사건에 대하여)』(1989)가 유작으로 발행될 때까지 독자들에게 어두움 속에 남아 있었다. 그렇지만 그 어두움은 독자들이 1989년 이후『기여』의 247번 단편을 통해 다음과 같은 사실을 경험했을 때 단번에 밝혀졌다. 그 사실은『기여』에서 최초로 사건의 역사에 대해 생각하는 작업을 위한 얼개가 정교하게 완성되었으며, 그 얼개가 예술 작품-논문에서 "말해지지 않은 원천의 영역"이라는 것이다.

IX

그다음에 「부록」(이 책의 137쪽)에는 또 다음과 같이 적혀 있다. "예술은 사건[존재 사건]에 속한다." 그 사건의 본재本在[본질적 존재]의 구조는 『철학에의 기여(사건에 대하여)』에서 최초로 정교하게 완성되었다. 예술 작품-논문의 본문 가장자리에 써놓은 메모들 가운데 12개는 '사건'에 대해 명확하게 말하고 있다. 『기여』는 그 메모들에도 빛을 비춘다. 이 가장자리 메모들은 나중에야 비로소 사건-사상과 예술 작품-논문 사이의 관계를 맺어주는 것이 결코 아니다. 예술 작품-논문에서 그 사태들 사이의 관계는 원래부터 사건의 '본재의 구조' 속에 있는 '관계들과 연관들'을 바탕으로 생각되었다. 그런데 사건-언어는 의도적으로 말해지지 않은 채로 남아 있었다. 따라서 가장자리 메모들은 우선 고의로 말해지지 않았던 것을 그 말해지지 않은 상태에서 벗어나도록 꺼낼 것이고, 이제 그것을 명확하게 사건의 언어를 통해서 이름할 것이다.

프리드리히-빌헬름 폰 헤르만

예술 작품의 샘[1]

이 강연 제목에 등장하는 샘[근원][2]이라는 낱말은 어떤 곳을 가   1
리킵니다. 그곳으로부터 그곳을 통해 있는[샘솟는] 것은 그것
자체로 그리고 그것답게 있습니다. 우리는 어떤 무엇인가가 그
것 자체로 그것답게 있으면 그 무엇인가가 본재本在한다[본질적

---

1 1960년 레클람Reclam 판본: 1935년에서 1937년 사이에 행한 시도[「예술 작품의 샘」 강연]는 충분하지 못했다. 왜냐하면 당시 아직 드러나지 않은 틈Lichtung과 트인Gelichtete 곳을 가리키기 위해 '진실'이란 이름을 사용한 것은 부적합했기 때문이다. 『이정표Wegmarken』의 「헤겔과 그리스인」 268쪽 이하와 『사유의 사태로Zur Sache des Denkens』의 「철학의 종말과 사유의 과제」의 77쪽 각주를 참조하라 — 예술은 막힘-품음의 틈을 그림-모음 속으로 데려와-앞으로-옮김이다. 이런 옮김은 사건[존재 사건] 속에서 사용[요구]된다.
데려와-앞으로-옮김과 그림: 「언어와 고향」과 『사유의 경험으로부터』를 참조하라.

2 1960년 레클람 판본: '샘'에 관해 말하는 것은 오해의 여지가 있다.

으로 존재한다]고 말합니다. 어떤 무엇인가의 샘은 그 무엇인가의 본재[본질]가 새어 나오는 곳입니다. 예술 작품의 샘에 대한 물음은 예술 작품의 본재가 새어 나오는 곳에 대한 물음입니다. 익숙한 사고방식에 따르면 작품은 예술 작가의 활동으로부터 그리고 그 활동을 통해 샘솟아 나옵니다. 그런데 예술 작가는 무엇을 통해 그리고 무엇으로부터 [샘솟아] 예술 작가 그것 자체[1]로 있게 되는 것일까요? 작품을 통해서입니다. 왜냐하면 작품이 그 거장을 칭찬한다는 말[독일 속담]은 작품이 비로소 예술 작가를 예술의 거장으로서 출현하게 한다는 것을 뜻하기 때문입니다. 예술 작가는 작품의 샘입니다[예술 작가에게서 작품이 샘솟습니다]. 작품은 예술 작가의 샘입니다. 어느 쪽도 다른 한쪽 없이는 있을 수 없습니다. 그렇다고 해서 둘 중 한쪽이 다른 한쪽을 홀로 떠받치는 것도 아닙니다. 예술 작가와 작품이 각각 그 자체로 그리고 상호 관계하며 존재하게 되는 것은 제삼第三의 것을 통해서입니다. 이 제삼의 것은 제일第一의 것입니다. 이것으로부터 예술 작가와 예술 작품이 각각의 이름을 얻습니다. 이 제일이자 제삼의 것은 바로 예술입니다.

작품이 예술 작가에게서 샘솟는 방식과 예술 작가가 작품에서 샘솟는 방식은 서로 다를 수밖에 없습니다. 이와 마찬가지로 두 방식은 예술에서 예술 작가와 작품 둘 다가 샘솟는 방식과

---

1 1960년 레클람 판본: 예술 작가 그 사람 자체.

도 확실히 다릅니다. 그런데 예술이 과연 샘일 수 있을까요? 예술은 어디에 그리고 어떻게 주어져 존재하는 걸까요? 예술이란 실實다운[실질적인] 것에 더 이상 상응하지 않는 하나의 낱말에 불과합니다. 그 낱말은 예술에 의해서만 실답게[실제로] 있는 작품과 예술 작가를 포함하는 집합 개념으로서 간주될 수 있습니다. 설령 예술이라는 낱말이 집합 개념보다 더 많은 것을 가리키더라도 그 낱말이 의미하는 것은 오직 실다운 작품과 예술 작가에 근거해서만 존재할 수 있을 것입니다. 또는 그 순서가 정반대일까요? 예술이 존재하는 한에서만,[1] 그것도 작품과 예술 작가의 샘으로서 존재하는 한에서만 작품과 예술 작가는 주어져 존재할 수 있는 것일까요?

이 물음에 대한 답이 어떻게 결정되든지 간에 예술 작품Kunstwerk의 샘에 대한 물음은 예술의 본재에 대한 물음으로 변합니다. 그렇지만 예술이 도대체 존재하는 것인지, 또 존재한다면 어떻게 존재하는지 아직 정해지지 않은 것은 틀림없습니다. 따라서 우리는 예술이 의심할 여지 없이 실답게wirklich[작품답게] 힘을 발휘하는 곳에서 예술의 본재를 찾아내볼 것입니다. 예술은 예술–작품Kunst-Werk 속에서 본재합니다. 그런데 예술의 작품[작동]Werk der Kunst은 무엇으로 그리고 어떻게 존재하는 것일까요?

2

---

[1] 1960년 레클람 판본: 그것이 예술을 주어서 존재하도록 하는 한에서만.

예술이 무엇인지는 작품에서 알아낼 수 있어야 합니다. 우리는 작품이 무엇인지를 오직 예술의 본재에서만 경험할 수 있습니다. 우리가 원[순환논증]을 그리며 움직이고[묻고] 있단 것을 누구나 쉽사리 알아볼 것입니다. 익숙한 사고방식에 따르면 이렇게 논리 법칙을 위반하는 순환은 피해야 합니다. 사람들은 예술이 무엇인지를 앞에 놓여 있는 예술 작품들을 비교하고 고찰함으로써 알아낼 수 있다고 믿습니다. 그런데 과연 우리는 예술이 무엇인지 미리 알고 있지 않고도 이런 고찰이 실제로 예술 작품들에 근거한다고 확신할 수 있을까요? 이처럼 앞에 놓여 있는 예술 작품들에서 특징들을 모으는[귀납하는] 방법으로는 예술의 본재를 구할 수 없습니다. 상위 개념들로부터 연역하는 방법으로도 구할 수 없습니다. 왜냐하면 그렇게 연역할 때도 우리는 예술 작품에 관한 규정을 미리부터 염두에 두고 있기 때문입니다. 우리가 이미 예술 작품으로 여기고 있는 것을 우리에게 예술 작품이라고 제시하기에 전혀 부족함이 없는 규정을 말이지요. 앞에 놓여 있는 것들의 특징을 모으는 방법과 근본 원리로부터 연역하는 방법 모두 예술의 본재를 찾아낼 수 없기는 마찬가지입니다. 그런 방법들을 사용하는 사람은 스스로를 속이는 것입니다.

그리하여 우리는 원을 그리는 길을 걸어갈 수밖에 없습니다. 이는 임시방편이나 잘못이 아닙니다. 생각의 작업이 일종의 수작업이라고 한다면 원을 그리는 길로 들어서는 일은 생각의 작업을 힘차게 하는 것이고, 그 길을 계속 가는 일은 생각의 향연을 벌이는 것이 됩니다. 작품에서 예술로 향하는 큰 걸음은 순환하여 예술에서 작품으로 향하는 걸음이 됩니다. 그 큰 걸음만 그런 게 아닙니다. 이렇게 큰 원 위에서 우리가 내디디려는 모든 걸음 하나하나도 원을 그릴 것입니다.

작품 속에서 실답게[실하게] 힘을 발휘하는 예술의 본재를 찾아내기 위해 실다운 작품을 찾아가서 작품이 무엇으로 그리고 어떻게 존재하는지를 물어보도록 합시다.

예술 작품은 누구에게나 익숙한 것입니다. 공공장소와 교회 및 성당 그리고 가정집에는 건축품과 조각품이 진열되어 있습니다. 박물관과 전시장은 매우 다양한 시대와 민족의 예술 작품을 소장하고 있습니다. 작품의 순수한 실다움[실제성]을 바라봅시다. 이때 우리가 자기 자신을 기만하지 않는다면 작품도 다른 사물과 마찬가지로 자연스럽게 앞에 놓여 있다는 사실이 보일 것입니다. 그림은 엽총이나 모자처럼 벽에 걸려 있습니다. 예컨대 농민의 신발 한 켤레를 나타내는 반 고흐의 회화는 한 전시장에서 다른 전시장으로 보내집니다. 작품은 루르 지방의 석탄이나 슈바르츠발트의 원목처럼 운송됩니다. 횔덜린의 송가頌歌를 모은 시집은 [제1차 세계대전에] 출전하는 군인의 배낭 속에 총기 손질 도구와 함께 들어 있었습니다. 출판사의 서고에 놓인 베토벤의 현악 사중주곡의 악보는 지하실에 놓인 감자와 같습니다.

모든 작품은 이렇게 사물다운 측면을 갖습니다. 그런 측면이 없는 작품이 존재할 수 있겠습니까? 그런데 우리는 작품에 대한 이토록 매우 엉성하고 얄팍한 견해에 거부감을 느낄 것입니다. 화물 운송업자나 박물관의 청소부는 예술 작품에 대해 그렇게 생각할 수 있습니다. 하지만 우리는 작품을 체험하고 즐기는 사람들처럼 작품을 대하고 받아들여야 합니다. 그런데 매우 유명한 예술 작품의 아름다움을 체험할 때도 그것의 사물다운 측면을 지나칠 수 없습니다. 건축품 속에는 석재가 있습니다. 목조품 속에는 목재가 있습니다. 회화 속에는 색채가 있습니다. 언어로 된 작품 속에는 음성이 있습니다. 소리로 된 작품 속에는 울림이 있습니다. 이렇게 예술 작품 속에는 사물다운 측면이 확고하게 있습니다. 그래서 심지어 우리는 차라리 거꾸로 말해야 합니다. 즉 돌덩이 속에 건축품이 있습니다. 목재 속에 목조품이 있습니다. 색채 속에 회화가 있습니다. 음성 속에 언어로 된 작품이 있습니다. 소리 속에 음악 작품이 있습니다. 우리가 하는 말이 자명하다고 — 사람들은 응답할 것입니다. 확실히 그렇습니다. 그런데 예술 작품 속에 있는 이토록 자명한 사물다운 측면은 무엇일까요?

아마도 이렇게 묻는 것은 쓸데없고 어지럽히는 일일지도 모릅니다. 왜냐하면 예술 작품은 그 사물다운 측면을 넘어서 있는 다른 무엇인가이기 때문입니다. 예술 작품에 있는 이 다른 것이 예술다움을 이룹니다. 물론 예술 작품은 제작된 사물입니다. 그런데 예술 작품은 단순한 사물과는 다른 무엇인가를 더 말합니다. 즉 알로 아고레우에이ἄλλο ἀγορεύει[allo agoreuei]합니다. 작품은 그 다른 것이 공개적으로 알려지게 하고, 즉 그 다른 것을 개방합니다. 작품은 비유Allegorie입니다. 예술 작품 속에서는 제작된 사물에 그 사물과 다른 무엇인가가 더 결합되어 있습니다. 결합은 그리스어로 쉼발레인συμβάλλειν[symballein]이라고 합니다. 작품은 상징Symbol입니다.

비유와 상징은 오래전부터 예술 작품을 특징짓는 관점의 테두리가 되는 관념을 제공해왔습니다. 예술 작품 속에는 사물다운 측면이 있습니다. 그러나 이 측면은 작품에서 사물과 다른 어떤 것을 개방하고, 그 다른 것과 결합되어 있습니다. 흡사 예술 작품 속의 사물다운 측면은 하부구조와 같고, 그 구조의 내부와 상부에 사물과 다른 본래적인 것이 지어져 있는 듯 보입니다. 그리고 작품의 이런 사물다운 측면은 본래 예술 작가가 수작업으로 만드는 것이 아닌가요?

우리는 온전히 실다운 예술 작품을 직접 만나고 싶어 합니다. 왜냐하면 그렇게 만날 때만 예술 작품 속에서 실다운 예술도 찾아낼 수 있기 때문입니다. 따라서 우리는 우선 작품의 사물다운 측면에 주목할 수밖에 없습니다. 그러기 위해서는 사물이 무엇인지에 대해 충분히 선명하게 알 필요가 있습니다. 그렇게 알 때만 예술 작품이 일종의 사물인지를, 그런데 거기에 사물과 다른 어떤 것이 더 붙어 있는지를 말할 수 있을 것입니다. 그다음에야 비로소 작품이 사물과 근본적으로 다른 무엇인가여서 결코 사물인 적이 없는지의 여부를 결정할 수 있을 것입니다.

사물과 작품

사물답게 있는 사물은 진실로 무엇일까요? 이렇게 물을 때 우리는 사물의 사물 존재(사물적 본성)를 경험으로 알고자 합니다. 사물의 사물다운 측면을 경험하는 것이 중요합니다. 그 경험을 위해서는 우리가 오래전부터 사물이란 이름으로 불러온 모든 존재자가 속하는 영역에 대해 알아야 합니다.

  길바닥의 돌덩이는 사물입니다. 밭의 흙덩이도 그렇습니다. 단지는 사물입니다. 길가의 분수도 그렇습니다. 그런데 단지에 담긴 우유와 분수의 물은 뭐라고 불러야 할까요? 하늘의 구름과 들판의 엉겅퀴 풀, 가을바람에 흩날리는 낙엽과 숲 위를 날아다니는 매를 사물이라는 이름으로 부르는 것이 정당하다면, 우유와 물 역시 사물입니다. 이 모든 것은 실제로 사물이라고 이름할 수밖에 없습니다. 왜냐하면 방금 언급한 것들과 달리 심지어 드러나지 않는 것, 즉 현상하지 않는 것에마저 사람들은 사물이란 이름을 붙이기 때문입니다. 그렇게 직접 현상하지 않는 사물, 즉 칸트가 말하는 "사물 자체[물자체]"로는 예컨대 세계 전체가 있습니다. 신神 자신조차 그런 사물입니다. 물자체 그리고 현상하는 사물, 즉 어쨌건 존재하는 모든 것을 철학의 언어로는 사물이라고 합니다.

오늘날 비행기와 라디오는 최근의 사물에 속합니다. 그런데 이런 사물은 우리가 최후의 사물을 염두에 둘 때 생각하는 것과는 전혀 다릅니다. 최후의 사물은 바로 죽음과 심판입니다. 이 강연에서 대체로 사물이라는 낱말이 가리키는 것은 정말 아무것도 아닌 것은 아닌 모든 것입니다. 이런 의미에 따르면 예술 작품도 그것이 어쨌건 존재하는 무엇인가인 한에서 사물입니다. 하지만 이런 사물 개념은 사물의 존재 양식을 지닌 존재자를 작품의 존재 양식을 지닌 존재자로부터 경계를 지어 구별하려는 우리의 계획에 아무 도움이 되지 않습니다. 적어도 직접적으로는 무용합니다. 게다가 우리는 신을 사물이라 부르기를 꺼립니다. 이와 마찬가지로 들판 위의 농민이나 증기기관 앞에서 불을 때는 화부 그리고 학교의 교사를 사물로 간주하기도 꺼립니다. 사람은 사물이 아닙니다. 물론 우리는 과도한 숙제에 허덕이는 어린 여자아이를 보고 아직 너무 어린 사물[것]이라고 말하기도 합니다. 하지만 우리가 그렇게 말하는 이유는 단지 그 아이가 사람답게 있지 못한 것을 다소 안타까워하고, 오히려 그 아이에게서 사물의 사물다운 측면을 이루는 것을 마주친다고 여기기 때문입니다. 심지어 우리는 숲속의 빈터에 있는 노루나 풀밭의 풍뎅이 그리고 풀 줄기도 사물[물건]이라고 이름하기를 망설입니다. 오히려 우리에게는 망치가 사물이고, 신발이나 손도끼 그리고 시계가 사물입니다. 그런데 이것들도 단순한 사물은 아닙니다. 우리는 돌덩이나 흙덩이 그리고 나무토막만을 단순한 사물로 여깁니다. 자연에서의 무생물과 사용할 수 있는 무생물. 자연에 있는 사물과 사용할 수 있는 사물이 흔히 사물이라고 불리는 것들입니다.

  그렇게 우리는 최고이자 최후의 사물까지 포함해 모든 것이 사물(사물=레스res=엔스ens=존재자)로 여겨지는 가장 넓은 영역에서 단순한 사물만이 사물로 여겨지는 가장 좁은 영역으로 우리가 되돌아온 것을 보게 됩니다. 여기서 "단순한"이라는 말은 우선적으로 그 사물이 순수하다는 것, 즉 그냥 사물일 뿐 그 이상의 무엇인가는 아니라는 것을 의미합니다. 그다음에 "단순한"이라는 말은 그 사물이 기껏해야 사물에 불과하다는 것을 의미하기도 합니다. 이런 의미는 벌써 사물의 가치를 떨어뜨리는 것이나 다름없습니다. 심지어 사용할 수 있는 사물까지도 제외한 단순한 사물만이 본래의 사물로 여겨집니다. 그렇다면 이런 단순한 사물의 사물다운 측면은 무엇일까요? 단순한 사물을 바탕으로 모든 사물의 사물적 본성이 규정될 수 있어야 합니다. 그 규정을 가지고 우리는 사물다운 측면을 그 자체로 특징지을 수 있게 될 것입니다. 그 특징을 가지고 우리는 작품에서 거의 손에 쥘 수 있을 듯한 그 실다운 측면을 특징지을 수 있게 될 것입니다. 게다가 작품에는 그 측면과 다른 무엇인가가 더 들어 있습니다.

이미 오래전부터 존재자란 도대체 무엇인가라는 물음이 제기될 때마다 곧바로 사물적 본성을 지닌 사물이 척도가 되는 존재자로 주목받았습니다. 이는 이제 익숙한 사실로 여겨집니다. 따라서 우리는 존재자에 대한 전통적 해석들에서 이미 사물의 사물적 본성에 관한 규정을 마주칠 수밖에 없습니다. 그래서 우리가 이와 같이 사물에 대해 전해 내려온 앎을 분명히 확인하기만 하면 적어도 사물의 사물다운 측면을 직접 찾으려 애쓰는 지루한 수고는 덜게 될 것입니다. 사물이란 무엇인가라는 물음에 대한 답들은 더 이상 물어볼 만한 것이 없다고 여겨질 정도로 친숙합니다.

사물의 사물적 본성에 대한 해석들 가운데 서양 사상의 변천 속에서 지배적이었던 것은 세 가지로 요약될 수 있습니다. 그 해석들은 오래전에 자명한 것이 되었고 오늘날 일상적으로 사용되고 있습니다.

예컨대 제 앞에 있는 화강암 덩어리는 단순한 사물입니다. 이 덩어리는 단단하고 무겁고 넓적하고 묵직하고 울퉁불퉁하고 거칩니다. 색채를 띠고 있고 흐릿한 부분과 광택이 나는 부분을 가지고 있습니다. 이렇게 열거한 모든 것을 우리는 이 돌덩이에서 알아볼abmerken 수 있습니다. 그렇게 우리는 그것의 특징들Merkmale을 알게 됩니다. 그런데 그 특징들은 돌덩이 자체에 속한 것을 가리킵니다. 그 특징들은 돌덩이의 속성들입니다. 그 사물[돌덩이]은 그 속성들을 갖습니다. 그 사물이라고요? 지금 사물을 염두에 두면서 우리는 무엇을 생각하고 있나요? 명백히 사물은 단순히 그 특징들이 모인 것에 그치지 않으며, 또 그 속성들이 쌓인 후에 비로소 모음이 된 것도 아닙니다. 누구나 알고 있다고 믿는 것처럼 사물은 그 주변에 그 속성들이 모여 있는 것입니다. 그다음에 사람들은 사물의 핵심에 관해 말합니다. [고대] 그리스인들은 그 핵심을 토 휘포케이메논τὸ ὑποκείμενον[아래에 놓인 것]이라고 이름했다고 합니다. 물론 그들에게 이런 사물의 핵심다운 측면은 근거로서 언제나 이미 앞서 놓여 있는 것이었습니다. 하지만 그 [주변에 있는] 특징들은 타 쉼베베코타 τὰ συμβεβηκότα[함께 오는 것들]라고 불립니다. 타 쉼베베코타는 그 앞서 놓여 있는 것과 함께 언제나 마찬가지로 이미 나타났고, 그것에 붙어서 함께 있는 것을 말합니다.

   토 휘포케이메논과 타 쉼베베코타는 아무렇게나 지은 이름들이 아닙니다. 그 이름들에서는 그리스인들이 존재자의 존재存在가 지닌 의미를 현재성現在性으로 경험했던 것이 들립니다. 그 근본 경험이 이 강연에서 더 제시되지는 않을 것입니다. 그런데 향후 그 이름[규정]들은 사물의 사물적 본성에 대한 척도가 되는 해석의 근거가 되었고, 존재자의 존재에 대한 서양의 해석을 확정했습니다. 이런 해석은 그리스어 낱말들을 고

8 대 로마인들이 라틴어로 생각하는 작업으로 수용했을 때 생겨 났습니다. 휘포케이메논은 수브엑툼 subiectum[subject, 아래에 던져진 것]으로, 휘포스타시스 ὑπόστασις[아래에 서 있는 것]는 수브스탄티아 substantia[substance]로, 그리고 쉼베베코스는 악시덴스 accidens[accident, 우발적 속성]로 변했습니다. 오늘날까지도 이렇게 그리스어 이름들이 라틴어로 번역된 것은 아무렇지 않게 간주되지만 절대 그렇지 않습니다. 그 번역은 문자에 충실하므로 [원래의 의미를] 보존한 것처럼 보입니다. 하지만 그렇게 번역하는 Übersetzung[넘겨놓는] 일의 배후에는 다른 방식으로 생각하는 작업 속으로 그리스인들의 경험을 [소홀히] 넘겨놓는 Übersetzen 일이 숨어 있습니다. 로마인들은 생각하는 작업을 하며 그리스어 낱말들을 수용했습니다. 하지만 그것들이 말하는 것과 같은 샘에서 솟아난 경험을 상응하게 하지는 못했습니다. 즉 그 낱말[말] 없이 수용한 것입니다. 이렇게 넘겨놓는 일과 함께 서양에서는 생각하는 작업의 토대 상실이 생겨났습니다.

사물의 사물적 본성을 여러 우발적 속성을 갖는 실체로 규정한 것은 우리가 사물을 바라보는 자연스러운 관점에 상응하는 것처럼 보입니다. 우리는 이런 견해에 친숙합니다. 사물에 관한 이처럼 익숙한 의견에 우리가 사물들과 맺는 친숙한 관계 또한 맞추어진 것은 전혀 놀라운 일이 아닙니다. 이때 친숙한 관계는 사물들을 묘사하거나 그것들에 대해 말하는 관계를 가리킵니다. 간단한 서술문은 주어와 술어로 이루어져 있습니다. 주어는 휘포케이메논을 라틴어로 번역한 것이고, 다시 말해 이미 휘포케이메논을 재해석한 것입니다. 그리고 술어는 사물의 특징을 서술합니다. 사물과 문장, 즉 문장 구조와 사물 구조 사이에서 이렇게 근본이 되는 간단한 관계를 누가 감히 뒤흔들고 싶겠습니까? 그럼에도 불구하고 우리는 물어야 합니다. 간단한 서술문의 구조(주어와 술어의 연결)가 사물 구조(실체와 속성의 통일)를 반영한 것일까요? 그렇지 않으면 혹시 실체와 속성의 통일로 생각된 사물 구조가 문장의 짜임새에 따라 설계된 것일까요?

사람이 사물을 파악하여 서술하는 방식을 사물 자체의 구조에 옮겨놓았다고 보는 견해보다 더 먼저 떠오르는 견해가 있을까요? 그렇지만 이런 견해는 겉보기에 비판철학의 것처럼 보일지라도 매우 경솔한 것입니다. 이런 견해를 주장하기 전에 어떻게 문장 구조를 아직 볼 수 없는 사물로 넘겨 나를 수 있는지부터 설명해야 할 것입니다. 문장 구조와 사물 구조 가운데 무엇이 우선하고 척도가 되느냐는 물음에 대한 답은 지금까지 결정되지 않았습니다. 심지어는 이런 물음의 형식으로 그 답이 과연 결정될 수 있는지도 의심스럽습니다.

근본적으로 보면 문장 구조가 사물 구조를 설계하기 위한 척도를 제시한 것도 아니고, 문장 구조가 사물 구조를 단순히 반영한 것도 아닙니다. 문장 구조와 사물 구조 각각 그리고 그 둘 사이에 가능한 상호 관계는 더 먼저 샘솟은 공통의 원천에서 유래합니다. 어쨌든 사물의 사물적 본성과 관련해서 가장 먼저 언급한 해석, 즉 사물을 그 특징들을 지니고 있는 것으로 보는 해석은 친숙합니다. 그렇지만 그 해석이 보이는 것처럼 그렇게 자연스러운 것은 아닙니다. 우리에게 자연스러워 보이는 것은 아마도 그저 오랜 습관Gewohnheit으로 익숙해진Gewöhnliche 것에 불과한 것일지도 모릅니다. 오랜 습관이란 그것이 샘솟아 나온 낯선Ungewohnte 곳[것]을 잊어버린 것입니다. 그런데 그 낯선 것이 예전에는 사람들에게 생소한 느낌을 주었고, 생각의 작업을 하는 사람을 경탄하게 했습니다.

사물에 관한 이처럼 친숙한 해석을 확신하는 것은 근거가 있어 보이는 데 겉보기에만 그렇습니다. 게다가 이런 사물 개념(특징들을 지니고 있는 것으로서 사물)은 본래의 단순한 사물에만 적용되는 게 아니라 어떤 종류의 존재자에나 적용됩니다. 그래서 이런 사물 개념을 가지곤 사물인 존재자가 사물이 아닌 존재자와 결코 구별할 수 없습니다. 하지만 우리는 곰곰이 생각하지 않더라도 사물들의 주위에 주의 깊게 머무르는 것으로 이미 이런 사물 개념이 사물의 사물다운 측면, 즉 저절로 생겨나며 자신 속에서 쉬고 있는 측면과 맞지 않는다는 점을 알게 됩니다. 또 우리는 이미 오래전부터 사물의 사물다운 측면에 [엄습하는] 힘이 가해져왔고, 이런 힘에 생각의 작업이 관련되어 있다는 느낌을 받곤 합니다. 그래서 사람들은 생각의 작업이 더욱더 생각다워지도록 노력하는 대신 오히려 생각을 그만두겠다고 다짐합니다. 그런데 사물의 본재를 규정할 때 오직 생각의 작업만이 결정권을 줄 수 있다면 우리의 느낌이 아무리 확실하다고 한들 무슨 소용이 있겠습니까? 그렇지만 우리가 지금처럼 사물의 본재를 규정할 경우 그리고 그와 비슷한 경우 어쩌면 느낌이나 기분이라고 이름하는 것이 어떤 이성Vernunft보다도 더 합리적일지도vernünftiger 모릅니다. 즉 그것은 존재에 더 열려 있기에 더 잘 감지感知할지도vernehmender 모릅니다. 이성[로고스λόγος]은 서양 사상의 변천 속에서 라티오ratio[이성]가 되었고, 합리적인rational 것으로 오해되어버렸습니다. 이런 과정에서 비-합리적인 것을 몰래 탐내는 것이 이상한 도움을 주었습니다. 이때 비-합리적인 것은 아직 생각지 못한 합리적인 것이 비정상적으로 태어난 것을 가리킵니다. 물론 친숙한 사물 개념Dingbegriff은 언제나 모든 사물에 적합합니다. 그럼에도 불구하고 그 개념은 본재하는 사물을 손에 쥘Greifen 때 그것을 잡지[파악하지] 않고 덮쳐[엄습해]버립니다. 10

 어쩌면 이런 엄습을 피할 수도 있지 않을까요? 어떻게 피할까요? 아마도 한 가지 방법밖에 없을 것입니다. 그것은 우리가 사물에 자유로울 수 있는 영역과 같은 곳을 제공해서 사물이 자신의 사물다운 측면을 직접 내보일 수 있게 하는 방법일 것입니다. 우리는 사물을 파악하고 서술할 때 사물과 우리 사이에 끼어들 수 있는 모든 것을 치우는 일부터 해야 합니다. 그후에야 비로소 우리를 꾸밈없이 현재現在하는[현재적으로 본재하는] 사물에 넘겨줄 수 있을 것입니다. 그런데 우리는 이렇게 사물과 직접 마주치는 일을 새삼스레 요구할 필요는 없습니다. 더욱이 그런 만남을 주선할 필요도 없습니다. 만남은 벌어진[일어난] 지 오래되었습니다. 시각, 청각, 촉각이 전달해주는 것 속에서, 즉 색채를 보고 소리를 듣고 거칠고 단단함을 느낄 때 사물은 정말 문자 그대로 우리의 몸 쪽으로 너무 가까이 다가옵니다. 사물은 아이스테톤αἰσθητόν입니다. 즉 감성의 감각기관이 전달해준 감각적 자극을 통해 감지할 수 있는 것입니다. 그리하여 훗날 익숙해진 사물 개념에 따르면 사물은 감각기관에 다양하게 주어진 것의 통일체와 다름없는 것입니다. 이런 통일체는 그 주어진 것들이 모두 합해진 총체나 그것들이 어우러진 전체 또는 그것들의 바탕이 되는 형체로 파악됩니다. 무엇으로 파악되든지 간에 이 사물 개념의 척도가 되는 큰 흐름은 전혀 변하지 않습니다.

  사물의 사물적 본성에 대한 이런 해석은 첫 번째 해석만큼이나 모든 경우에 들어맞고 증명될 수도 있습니다. 이미 이것으로 이런 해석은 진실하지 않다고 의심하기에 충분합니다. 게다가 우리가 찾으려 애쓰고 있는 사물의 사물다운 측면에 대해 곰곰이 생각해보면 두 번째 사물 개념도 우리를 어리둥절하게 합니다. 이 개념이 주장하는 것과 달리 본래 우리는 사물이 나타날 때 예컨대 음향이나 소음과 같이 밀려드는 감각적 자극부터 감지한 적이 없습니다. 오히려 우리는 굴뚝에서 윙윙대는 폭풍을 듣고, 세 개의 프로펠러가 달린 비행기를 듣고, 아들러 자동차와 즉각 구별되는 메르세데스 자동차를 듣습니다. 어떤 감각적 자극보다도 사물 자체가 우리에게 훨씬 더 가깝습니다. 우리는 집안에서 문이 닫히는 것을 듣지 청각적 자극이나 그저 단순한 소음만 들은 적이 없습니다. 순수한 소음을 듣기 위해서는 사물에서 멀리 떨어진 채 들어야 할 것입니다. 즉 우리의 귀를 사물로부터 떼어놓은abziehen[abstrahieren] 채, 다시 말해 추상적으로abstrakt 들어야 할 것입니다.

  방금 언급한 사물 개념은 사물을 엄습하는 것과 별로 관련이 없습니다. 그보단 사물을 우리에게 닿도록 가능한 한 가까이 가져오려는 지나친 시도와 관련이 있습니다. 하지만 우리가 어떤 사물에서 감각을 통해 감지한 것을 그 사물의 사물다운 측면으로 간주한다면 그 사물은 우리에게 닿은 적이 없을 것입니다. 사물에 대한 첫 번째 해석은 마치 사물을 우리의 몸에서 떨어뜨려 지나치게 먼 곳에 세우는 것 같습니다. 그에 반해 두 번째 해석은 사물을 우리의 몸 쪽으로 너무나 지나치게 가까이 다가오도록 미는 것 같습니다. 이 두 가지 해석에서 사물은 사라져버리고 맙니다. 그러므로 지나친 두 가지 해석은 피해야 할 것입니다. 우리는 사물 자체가 자신 속에서 쉬고 있도록 그대로 두어야 합니다. 사물을 그것답게 견고히 서 있는 모습 그대로 받아들여야 합니다. 세 번째 해석이 그렇게 하는 것처럼 보입니다. 이 해석도 앞서 언급한 두 해석만큼이나 오래된 것입니다.

  사물에 지속하는 핵심을 제공하면서 동시에 그 사물이 감각기관에 밀려드는 방식, 즉 색채, 소리의 울림, 단단함, 묵직함의 원인이 되는 것은 사물의 재료적 측면입니다. 사물을 이렇게 재료(휠레ὕλη)로 규정할 때는 이미 형태(모르페μορφή)가 함께 놓여 있습니다. 사물의 지속성, 즉 응집력Konsistenz은 재료가 형태와 함께 서 있는zusammensteht[consist] 데에 있습니다. 사물은 형태를 갖춘 재료입니다. 사물에 대한 이런 해석은 사물의 직접적인 모습에 바탕을 둡니다. 그 모습은 사물이 그 모양(에이도스εἶδος)을 통해서 우리에게 다가올 때 지니는 것입니다. 마침내 재료와 형태를 종합함으로써 자연에 있는 사물과 사용할 수 있는 사물 모두에게 똑같이 잘 맞는 사물 개념을 찾아냈습니다.

이런 사물 개념을 가지고 우리는 예술 작품 속에 있는 사물다운 측면이 무엇인가라는 물음에 대답할 수 있게 될 것입니다. 주지하다시피 작품에서 사물다운 측면은 작품을 이루고 있는 재료입니다. 재료는 예술적 형태를 만들기 위한 받침이자 영역입니다. 그런데 우리는 사실 이렇게 명백하고 익숙한 결론을 처음부터 내세울 수도 있었을 것입니다. 왜 우리는 이 사물 개념이 아니라 여전히 통용되는 다른 사물 개념들을 거쳐서 멀리 둘러 가는 길을 걷고 있을까요? 왜냐하면 우리는 사물을 형태를 갖춘 재료로 나타내고 있는 이 사물 개념도 불신하고 있기 때문입니다.

그런데 바로 이 재료 — 형태라는 개념 쌍은 우리가 활동하려는 분야에서 두루 사용되는 것이 아닌가요? 물론 그렇습니다. 재료와 형태의 구별은 모든 예술론과 미학을 위한 전형적인 개념 모델입니다. 게다가 그 구별 방식도 매우 다양합니다. 그런데 반박할 수 없는 이런 사실은, 재료와 형태를 구별한 것이 충분한 근거가 있다는 주장에 대한 증거가 되지 못하고, 또 그런 구별이 예술과 예술 작품의 영역에서 샘솟았다는 주장에 대한 증거도 되지 못합니다. 게다가 이 개념 쌍이 적용되는 영역도 오래전부터 이미 미학 분야를 훨씬 넘어서까지 확장되어왔습니다. 형태와 내용은 지극히 평범한 개념들입니다. 그 개념들에는 모든 것이 하나도 빠짐없이 포함될 수 있습니다. 더 나아가 형태는 합리적인 것에, 재료는 비-합리적인 것에 속하고, 사람들은 합리적인 것을 논리적인 것으로, 비합리적인 것을 비논리적인 것으로 간주합니다. 심지어 형태 — 재료 개념 쌍에 주체와-객체의-관계까지 묶이게 됩니다. 그러면 [주체가 객체를] 표상表象하는 행위는 어떤 것도 저항할 수 없는 개념의 메커니즘을 소유할 것입니다.

그런데 이처럼 재료와 형태의 구별이 여러 영역으로 확장되어 적용되었다면 우리는 그 구별을 가지고 다른 존재자가 아니라 단순한 사물만이 속하는 영역을 도대체 어떻게 해야 파악할 수 있을까요? 이렇게 재료와 형태 개념을 가지고 사물을 특징짓는 방식이 사물을 규정하는 힘을 되찾기 위해서는 아마도 두 개념을 확장시키면서 동시에 공허하게 만들어버린 그 과정을 되돌리기만 하면 될 것입니다. 확실히 그럴 것입니다. 그런데 그러기 위해서 우리는 두 개념이 어떤 존재자의 구역에서 진정으로 규정하는 힘을 발휘하는지부터 알아야 합니다. 그 구역이 단순한 사물의 영역이라고 보는 것은 지금으로서는 하나의 가정에 불과합니다. 앞서 재료와 형태 개념의 얼개가 미학 분야에서 풍부하게 쓰이고 있다는 점을 언급했습니다. 오히려 이런 언급은 재료와 형태가 예술 작품의 본재에서 나온 규정이고, 그 규정이 비로소 예술 작품에서 다시 사물로 전해졌다고 생각하게 할 것입니다. 재료-형태-얼개는 어디에서 샘솟았을까요? 사물의 사물다운 측면에서일까요? 그렇지 않으면 예술 작품의 작품다운 측면에서일까요?

  자신 속에서 쉬고 있는 화강암 덩어리는 볼품은 없지만 특정한 형태를 지닌 재료와 같습니다. 여기서 형태라는 말은 재료의 부분들이 공간상의 장소에 분산되고 배치된 것을 가리킵니다. 그 부분들은 이런 분산 배치의 결과로 개별적인 윤곽, 즉 덩어리라는 윤곽을 가지게 됩니다. 그런데 형태를 지니고 서 있는 재료에는 단지, 도끼, 신발도 있습니다. 그 형태는 이것들의 윤곽입니다. 그런데 그 형태는 재료가 분산된 결과가 아닙니다. 거꾸로 형태가 재료의 배치를 규정합니다. 그뿐만이 아닙니다. 더 나아가 형태는 각각의 경우에 어떤 재료를 골라야 할지도 미리 정해줍니다. 단지의 경우 새지 않는 재료, 도끼의 경우 충분히 단단한 재료, 신발의 경우 질기면서도 유연한 재료를 골라야 합니다. 더구나 이런 경우들에서 보이는[힘을 발휘하는] 재료와 형태의 긴밀한 결합은 단지, 도끼, 신발의 용도에 의해 미리 규정되어 있습니다. 그 용도는 단지, 도끼, 신발과 같은 종류의 존재자에 나중에 부여되거나 추가된 것이 절대 아닙니다. 또한 용도는 그런 존재자 너머 어딘가에서 떠다니는 목적인 것도 아닙니다.

용도는 근본적인 흐름입니다. 그 흐름으로부터 단지, 도끼, 신발과 같은 종류의 존재자는 우리를 바라보고anblickt, 다시 말해 우리에게 번개처럼 번쩍이면서anblitzt 현재하고anwest, 그리하여 그런 존재자로서 존재하게 됩니다. 이런 용도는 [재료에] 어떤 형태를 부여할지, 그 형태를 위해서는 어떤 재료를 고를지 결정하는 근본[근거]이 됩니다. 그러니까 용도는 재료와 형태의 얼개가 [사물 개념과 관련해서] 지배적이게 된 근거입니다. 용도의 영향을 받는 존재자는 언제나 제작 과정의 생산물Erzeugnis입니다. 제작된 생산물은 무엇인가를 위한 도구Zeug가 됩니다. 따라서 존재자에 대한 규정으로서 재료와 형태는 도구의 본재에서 유래한 것입니다. 도구라는 이름은 특별히 사용과 이용을 위해서 제작된 것을 가리킵니다. 재료와 형태는 단순한 사물의 사물적 본성에서 샘솟은 규정들이 결코 아닙니다.

제작이 완료된 도구, 예컨대 신발 도구는 단순한 사물과 마찬가지로 자신 속에서 쉬고 있습니다. 그런데 신발은 화강암 덩어리처럼 저절로 생겨난 것이 아닙니다. 한편 도구는 사람이 손수 산출했다는 점에서 예술 작품과의 유사성을 보여줍니다. 이와 동시에 예술 작품은 넉넉하게 현재하기에 다시금 오히려 단

14

순한 사물, 즉 저절로 생겨나며 자족하는 사물과 닮았습니다. 그럼에도 불구하고 우리는 작품을 단순한 사물에 포함하지 않습니다. 대체로 우리 주위에서 사용되는 사물이 가장 친근한 사물이면서 본래의 사물입니다. 요컨대 도구는 사물적 성질에 의해 규정되기에 절반은 사물이면서도 또 그 이상의 것입니다. 동시에 도구는 절반은 예술 작품이지만 작품의 넉넉함을 가지지 않기에 그 이하의 것입니다. 이 같은 셈법에 따라 정렬해도 된다고 한다면 도구는 묘하게도 사물과 작품의 중간 위치에 있습니다.

원래 재료-형태-얼개는 도구의 존재에 관한 규정입니다. 그런데 그 얼개는 모든 종류의 존재자가 지닌 구조처럼 보이기 쉽습니다. 그 구조는 바로 이해될 수 있는데, 그 이유는 도구의 경우 제작하는 사람 자신이 도구가 존재 속으로[1] 이르는 그 방식에 참여하기 때문입니다. 도구는 단순한 사물과 작품의 중간 위치에 있습니다. 그 때문에 도구의 존재(재료-형태-얼개)를 가지고 도구다운 측면을 지니지 않는 존재자인 사물과 작품도 이해할 수 있을 것이고, 그래서 결국은 모든 존재자를 이해할 수 있을 것이라는 생각이 쉽게 떠오르게 됩니다.

재료-형태-얼개를 모든 종류의 존재자를 구성하는 대표적인 틀로 간주하려는 경향에 특히 힘을 실어준 것은 바로 성서의 신앙입니다. 이전부터 그 신앙에 근거하여 존재자 전체는 피조물

---

[1] 1960년 레클람 판본: [도구가] 자신의 현재성 속으로(자신의 현재있에로).

로 생각되었고, 지금 논의의 맥락에 맞게 말하자면 제작물로 생각되었습니다. 물론 성서의 신앙에 근거한 철학은 신의 모든 창조적인 작업을 수작업자[수공업자]의 행위와는 다른 것으로 생각한다고 확실하게 말할 수 있습니다. 그렇지만 이와 동시에 토마스 아퀴나스의 철학이 성서 해석을 위해 신앙한 가정에 따르면 엔스 크레아툼ens creatum[피조물]은 마테리아materia[재료]와 포르마forma[형태]의 통일체로 생각됩니다. 혹은 심지어 이런 생각이 성서의 신앙에 근거한 철학보다 먼저였을 수도 있습니다. 이는 성서의 신앙을 해석하는 데 바탕이 되는 철학의 진실이 존재자의 막힘없음에 기초함을 의미할 것입니다. 그 막힘없음은 성서의 신앙에서 신앙하고 있는 세계와 다른 종류의 것입니다.[1]

 물론 성서의 신앙에 근거한 창조론은 존재자 전체에 대한 앎을 주도하던 힘을 이제 상실할 수 있습니다. 그러나 일단 창조론에서 자리를 잡은 모든 존재자에 대한 해석, 즉 생소한 종류의 철학으로부터 빌려온 신학적 해석은 그럼에도 불구하고 그대로 남겨질 수 있습니다. 세계를 재료와 형태에 따라 보는 것도 마찬가지입니다. 그렇게 남겨지는 일이 중세에서 근대로 넘어갈 때 벌어집니다. 근대의 형이상학도 중세에 형성된 재료-형태-얼개에 기초하고 있습니다. 이런 얼개 자체는 기껏해야

---

[1] 1950년 1판: 1. 성서의 창조 신앙. 2. 존재자에 대한 토마스의 인과론적 설명. 3. 아리스토텔레스에게서 샘솟은 온ὄν[존재자]에 관한 해석.

에이도스[형상]와 휠레[질료]의 묻혀버린 본재를 떠올리게 하는 낱말들에 불과합니다. 그래서 재료와 형태에 따라 사물을 해석하는 것이 [성서의 신앙에 근거한] 중세적인 해석으로 남아 있든지 또는 [근대 철학자] 칸트-초월론적인 해석으로 변하든지 간에 친숙하고 자명한 일이 되었습니다. 그런데 그 때문에 재료와 형태에 따라 사물을 해석한 것은 앞서 언급한 사물의 사물적 본성에 대한 다른 해석들 못지않게 사물의 사물 존재를 엄습하는 것이 됩니다.

우리가 본래의 사물을 단순한 사물이라고 이름하는 것에서 이미 정황은 드러납니다. "단순한bloß[벌거벗은]"이라는 말은 어떤 용도로 쓰이기 위해 제작되었다는 특성을 제거한Entblößung[벗긴] 것을 의미합니다. 단순한 사물은 일종의 도구인데, 도구 존재라는 옷을 벗은entkleidet 도구입니다. 그후에 여전히 남아 있는 것이 사물 존재입니다. 그런데 그 남은 존재가 지닌 성격이 특별히 규정되지는 않았습니다. 도구에서 도구다운 측면을 모두 벗기는[추상하는] 과정에서 언젠가 사물의 사물다운 측면이 출현할 수 있을지는 여전히 의문스럽습니다. 따라서 재료-형태-얼개를 실마리로 삼아 사물을 해석한 세 번째 방식도 사물을 엄습하는 것으로 밝혀지게 됩니다.

사물적 본성을 규정하는 세 가지 방식이 언급되었습니다. 그 방식들에 따르면 사물은 특징들을 지니고 있는 것, 다양한 감각적 자극의 통일체, 형태를 갖춘 재료로 이해됩니다. 게다가 이런 해석들은 존재자에 관한 진실이 역사적으로 변천해오면서 서로 결합되기도 했습니다. 그에 대해서는 이 강연에서 다루지 않으려 합니다. 이런 결합 과정에서 그 해석들은 그것들이 지닌 확장성을 더 강화했습니다. 그리하여 어떤 해석이든 사물, 도구, 작품에 같은 방식으로 적용되었습니다. 그래서 우리는 그 해석들로부터 나온 사고방식에 따라서 사물, 도구, 작품 각각에 관해 개별적으로 생각할 뿐만 아니라 모든 존재자에 관해 일반적으로도 생각하게 됩니다. 이렇게 오래전부터 친숙해진 사고방식은 존재자를 직접 경험할 때 언제나 선입견이 됩니다. 이런 선입견은 [사물, 도구, 작품] 각각의 존재자의 존재에 대한 숙고를 방해합니다. 이에 지배적인 사물 개념들은 우리가 사물의 사물다운 측면으로 가는 길 및 도구의 도구다운 측면으로 가는 길을 가로막고, 특히 작품의 작품다운 측면으로 가는 길을 더욱더 가로막게 됩니다.

이런 사실 때문에 세 가지 사물 개념에 대해 알아야만 합니다. 알아야만 그 개념들이 어디서 새어 나왔는지에 대해, 제한 없이 모든 사물에 감히 적용되는 것에 대해, 그리고 자명해 보이는 그것들의 허상에 대해 곰곰이 생각해볼 수 있기 때문입니다. 이런 앎이 더욱더 필요해지는 경우는 우리가 사물의 사물다운 측면, 도구의 도구다운 측면, 작품의 작품다운 측면에 주목하며 낱말로 부르기를 과감히 시도할 때입니다. 그런데 그 시도를 위해 필요한 일은 단 하나뿐입니다. 그 일은 앞서 언급한 사고방식들이 선입견처럼 엄습하지 않도록 그것들을 멀리하는 것, 예컨대 사물이 사물답게 있으면서 스스로에 기대어 쉬도록 놔두는 것입니다. 존재자를 그저 존재자 그 자체로 있도록 놓아두는 일보다 더 쉬워 보이는 일이 있을까요? 혹은 그렇게 놓아두는 과제는 우리를 가장 어려운 일에 직면하게 하는 것일까요? 우리가 ― 존재자를 그것답게 있도록 놔두려다가 ― 아직 검토하지 않은 존재 개념을 위해 오히려 존재자에 대해 무관심해진다면 특히 그 과제는 가장 어려운 일이 될 것입니다. 우리는 존재자에 관심을 가져야 하고, 그것 자체에서 그것의 존재에 주의를 기울이며 생각해야 합니다. 그런데 그렇게 하는 동시에 우리는 존재자가 본재하면서 스스로에 기대어 쉬도록 놓아두어야 합니다.

이처럼 생각해보려는 노력은 사물의 사물적 본성을 규정할 때 가장 거센 저항에 부딪히는 것처럼 보입니다. 그 저항 때문이 아니라면 앞서 언급한 시도가 대체 왜 실패했겠습니까? 은밀한 사물은 생각의 작업에서 가장 끈질기게 벗어나는 것입니다. 그게 아니라면 혹시 단순한 사물이 그렇게 물러서는 것, 즉 스스로에 기초하며[기대어 쉬며] 자족하는 것이 바로 사물의 본재에 속하기라도 하는 걸까요? 그렇다면 사물의 본재 속에 숨겨진 저 생소한 측면은 사물에 대해 생각해보려는 생각의 작업과 친밀해져야 하지 않을까요? 사정이 그렇다면 우리는 사물의 사물다운 측면으로 가는 길을 억지로 가서는 안 될 것입니다.

사물의 사물적 본성에 대한 해석이 변천한 역사를 이제까지 약술한 내용은 그 본성에 관해 말하는 일이 특히나 어렵고 드물었음을 보여주는 명백한 증거가 됩니다. 이런 역사는 서양에서 이제까지 존재자의 존재를 생각해온 작업이 따랐던 운명과 일치합니다. 그러나 지금 우리는 이런 역사를 확인하는 데에서 그치지 않습니다. 이와 동시에 우리는 그 역사가 보내는 눈짓을 감지합니다. 사물을 해석할 때 재료와 형태를 실마리로 삼아 벌어진[생겨난] 규정이 특별한 우위를 획득하게 된 것은 우연일까요? 사물에 대한 이런 규정은 도구의 도구 존재[도구가 도구답게 존재하는 것]에 대한 해석에서 유래합니다. 도구라는 존재자는 사람에게 특별히 가깝게 나타납니다. 왜냐하면 도구는 우리 자신에 의해 생산되어 존재에 다다르기 때문입니다. 그래서 도구의 존재는 우리와 더 친밀합니다. 게다가 그런 존재자는 묘하게도 사물과 작품의 중간 위치에 있습니다. 이렇게 받은 눈짓을 따라서 우리는 우선 도구의 도구다운 측면을 찾으려 애쓸 것입니다. 어쩌면 그 측면으로부터 사물의 사물다운 측면과 작품의 작품다운 측면에 관한 무엇인가가 우리에게 드러날지도 모릅니다. 다만 우리는 사물과 작품을 성급히 도구의 변종으로 만들지는 말아야 합니다. 도구의 존재 방식도 그 본재가 변천한 역사 속에서 차이를 보였을 수 있습니다. 하지만 우리는 그 가능성을 고려하지는 않겠습니다.

그런데 어떤 길이 도구의 도구다운 측면으로 향하는 것일까요? 어떻게 해야 우리는 도구가 진실로 무엇인지를 경험할 수 있을까요? 지금 필요한 조치는 사물을 엄습하는 낯익은 해석들을 곧바로 다시 데려오려는 시도를 멀리하는 것임이 분명합니다. 그런 시도에서 벗어나는 제일 나은 방법은 도구를 철학적 이론 없이 간단히 묘사하는 것입니다.

우리가 사례로 고를 익숙한 도구는 농민의 신발 한 켤레입니다. 그 신발을 묘사하기 위해서는 같은 방식으로 사용되는 도구 몇 켤레를 실답게[실제로] 제시할 필요조차 없습니다. 누구나 신발에 대해 알고 있습니다. 그렇지만 직접적인 묘사가 중요하므로 쉽게 눈으로 볼 수 있도록 하는 게 좋을 듯합니다. 이렇게 시각적으로 보조하기 위해서는 그림으로 나타내는 것으로 충분합니다. 이를 위해 그런 신발 도구를 여러 번 그렸던 반 고흐의 유명한 회화를 한 점 골라보겠습니다. 그런데 그의 회화에서 볼 것이 많이 있을까요? 신발이 무엇으로 되어 있는지는 누구나 다 압니다. 나무로 된 신발이나 인피靭皮로 엮어 만든 신발이 아닌 다음에야 신발[구두]은 가죽 밑창과 가죽 덮개로 되어 있습니다. 두 부분은 실과 못으로 엮여 있습니다. 이 도구는 발을 감싸는 용도로 쓰입니다. 용도에 따라, 즉 들판에서 일할 때 신을지 또는 춤을 추기 위해 신을지에 따라 재료와 형태가 달라집니다.

이상의 진술은 모두 들어맞는 내용이지만 우리가 이미 알고 있는 것을 설명할 뿐입니다. 도구의 도구 존재는 그것의 용도로 쓰임입니다[도구는 그것의 용도로 쓰일 때 도구답게 존재합니다]. 그런데 이 용도 자체의 사정은 어떨까요? 우리는 이미 용도를 통해서 도구의 도구다운 측면을 파악하고 있는 것일까요? 그렇게 파악하려면 그 용도로 쓰이는 유용한 도구를 찾아 나서야 하지 않을까요? 밭에서 농사짓는 여인은 신발을 신고 있습니다. 그곳에서 비로소 신발은 그 자체로 있습니다. 노동할 때 그녀는 신발에 대해 점점 덜 생각하거나, 심지어 신발을 보거나 그저 느끼는 것조차 덜하게 됩니다. 그럴수록 신발은 더욱더 진정으로 그 자체로 있습니다. 그녀는 신발 속에서 서 있고 걸어갑니다. 그렇게 신발은 실답게 그것의 용도로 쓰입니다. 우리가 도구를 이렇게 사용하는 과정에서 도구다운 측면을 실답게 마주치는 것은 틀림없습니다.

  이와 달리 우리는 신발 한 켤레를 그저 일반적으로 눈앞에 떠올려보거나 심지어 사용되지 않은 채 그저 서 있는 빈 신발을 그림에서 볼 수도 있습니다. 그럴 때 우리는 도구의 도구 존재가 진실로 무엇인지를 결코 경험하지 못할 것입니다. 우리는 반 고흐의 회화를 봐서는 그 신발이 어디에 서 있는지조차[1] 알 수 없습니다. 농민의 신발 한 켤레 주변에는 그것이 속하거나 어울릴 수 있을 만한 것이 아무것도 없습니다. 그저 막연한 공간만이 있을 뿐입니다. 신발에는 논밭이나 들길의 흙덩이조차

---

[1] 1960년 레클람 판본: 그리고 그것이 누구의 것인지조차.

묻어 있지 않습니다. 만일 묻어 있다면 적어도 신발의 쓰임새는 암시해줄 수 있을 텐데 말이지요. 농민의 신발 한 켤레가 있고, 그 외에는 아무것도 없습니다. 그럼에도 불구하고.

신발 도구의 해어진 안쪽의 어두운 구멍에서는 노동하는 발걸음의 고단함이 물끄러미 바라보고 있습니다. 질기고 튼튼하고 묵직한 신발에는 거친 바람이 부는 밭에 나란히 멀리 뻗은 고랑들 사이를 느릿느릿 걸어가는 끈기가 쌓여 있습니다. 신발 가죽은 기름진 땅의 물기로 눅눅합니다. 신발 바닥으로는 저물녘 들길의 쓸쓸함이 밀려옵니다. 신발 도구 속에서는 대지의 침묵하는[말해지지 않은] 부름이 울립니다. 즉 대지는 익어가는 곡식을 잠잠히 선물해주거나 황량한 겨울 들판의 휴경지에서 신비롭게 버티고 있습니다. 빵을 구할 수 있을지에 대한 불평 않는 걱정, 궁핍한 시기를 다시 넘긴 것에 관한 말 없는 기쁨, 임박한 출산 앞에서의 떨림, 주위에서 위협하는 죽음 앞에서의 두려움, 이 모든 것이 신발 도구를 통해 흐르고 있습니다. 이 도구는 대지에 소속되고 농사짓는 여인의 세계 속에서 보호받고 있습니다. 이렇게 보호받고 소속됨으로써 생생하게 서 있는 도구 자체는 자신 속에서 쉬게 됩니다.

그런데 이 모든 것을 우리는 아마 그림 속의 신발 도구에서만 볼 수 있을 것입니다. 우리와 달리 농사짓는 여인은 간단히 신발을 신고 있을 뿐입니다. 이렇게 간단히 신는 일이 정말로 간단하다면 좋을 텐데 말이지요. 그녀는 늦은 저녁에 고단하지만 긴장한 피로를 느끼며 신발을 벗어놓았다가 아직 어둑어둑한 동틀 녘에 벌써 다시 신발을 향해 손을 뻗고, 휴일에는 신발을 지나칩니다. 그럴 때마다 그녀는 관찰하거나 고찰하지 않고도 언제나 저 모든 것을 알고 있습니다. 물론 도구의 도구 존재는 그것의 용도로 쓰임입니다. 하지만 용도 자체는 도구의 충만한 본재적 존재 속에서 쉬고 있습니다. 우리는 이런 존재를 정(情)이 들었음이라고 이름합니다. 정이 들었기 때문에 농사짓는 여인은 그녀의 신발 도구를 통해 대지의 침묵하는 부름에 응하고 있습니다. 또 정이 들었기 때문에 그녀는 자신의 세계에 대해 확신하고 있습니다. 세계와 대지는 그녀에게 그리고 그녀와 함께 그녀의 방식으로 존재하는[살아가는] 사람들에게 그저 그렇게만 거기에 존재합니다.[1] 즉 도구 속에만 말이지요. 우리는 "그저"라고 말하면서 잘못 생각합니다. 왜냐하면 정든 도구가 비로소 소박한 세계를 포근한 곳으로 만들어주고, 대지가 자유롭게 지속해서 밀려들 수 있도록 보장해주기 때문입니다. 20

  도구의 도구 존재, 즉 정이 들었음은 그 속에 모든 것을 각각의 방식과 범위에 따라 모아 유지합니다. 그렇지만 도구의 용도로 쓰임은 정이 들었음의 본재로부터 나온 결과에 불과합니다. 용도는 정이 들었을 때 울려 퍼지고, 정이 들지 않으면 아무것도 아니게 될 것입니다. 개별 도구는 사용되면 낡고 닳아서 소

---

[1] 1960년 레클람 판본: '거기에 […] 존재한다'=현재하며 [존재한다].

모됩니다. 그런데 그와 동시에 사용 행위 자체도 닳아빠지게 되고, 무디고 익숙해져버립니다. 그렇게 도구 존재는 시들어버리고, 단순한 도구로 전락해버립니다. 도구 존재가 그렇게 시드는 것은 정이 점점 사라지는 것입니다. 그렇게 사라지고 나면 사용되는 사물은 지겹도록 익숙한 것으로서 나서게[눈에 띄게] 됩니다. 그런데 정이 사라진 것은 도구 존재를 샘솟게 한 본재가 있었다는 것에 대한 추가 증거가 될 뿐입니다. 정이 사라진 후에는 닳아빠진 도구의 익숙함이 유일한 존재 방식인 양 주제넘게 앞에 나섭니다. 그 방식은 겉보기에 오로지 도구에만 고유한 것 같습니다. 이제는 그저 적나라한 용도밖에 보이지 않습니다. 이런 용도는 도구가 재료에 형태를 새기는 단순한 제작에서 샘솟은 것이라는 인상을 줍니다. 그런데도 도구의 진정한 도구 존재는 더 먼 곳에서 새어 나옵니다. 재료와 형태 그리고 둘의 구별은 더 깊은 샘에서 솟습니다.

  그 자신 속에서 쉬고 있는 도구의 쉼은 정이 든 상태입니다. 그 상태를 보며 비로소 우리는 도구가 진실로 무엇인지를 압니다. 그런데 여전히 우리는 우리가 이 강연의 초반에 찾으려 애썼던 것, 즉 사물의 사물다운 측면에 대해서는 아무것도 모릅니다. 게다가 우리가 본래 찾으려 애쓰고 있는 그 유일한 것, 즉 예술 작품의 의미에서 작품의 작품다운 측면에 대해서도 전혀 알지 못합니다.

  아니면 혹시 우리는 도구의 도구 존재를 알게 되는 과정에서 방금 우리도 모르게 작품의 작품 존재[작품이 작품답게 존재하는 것]에 관해서도 무엇인가 이미 경험한 게 아닐까요? 마치 부수적인 것처럼 말이지요.

도구의 도구 존재가 발견되었습니다. 그런데 어떻게 발견되었지요? 우리는 실답게 앞에 놓인 신발 도구를 묘사하거나 설명하지 않았습니다. 신발의 제작 과정에 대해 보고하지도 않았습니다. 또 여기저기에 있으며 실답게 쓰이는 신발 도구를 관찰하지도 않았습니다. 그 대신 우리는 반 고흐의 회화 앞에 다가섰을 뿐입니다. 그 회화가 말해주었습니다. 작품 가까이에서 어느덧 우리는 우리가 익숙하게 있곤 하는 곳과는 다른 곳에 있었습니다.

신발 도구가 진실로 무엇인지 예술 작품이 알게 해주었습니다. 우리는 [회화를] 묘사한 게 주관적으로 상상한 행위이고, 그다음에 그렇게 상상한 내용을 모두 [회화 속에] 집어넣은 것이라고 믿고 싶을 것입니다. 그러면 우리는 스스로를 감쪽같이 속이게 될 것입니다. 도구 존재가 발견된 과정에서 무엇인가 의문스러운 점이 딱 한 가지 있다면 그것은 바로 우리가 작품 가까이에서 너무 적은 경험을 했고 그 경험을 너무 엉성하게, 동시에 너무 직접적으로 말했다는 점뿐입니다. 앞에서 작품은 도구가 무엇인지를 눈으로 더 잘 볼 수 있도록 해주는 용도로만 쓰인 것처럼 보였을 수도 있습니다. 그런데 그것이 작품의 주된 용도는 아니었습니다. 오히려 작품을 통해 비로소 그리고 작품 속에서만 도구의 도구 존재는 특별히 스스로 출현하게[앞에서 빛나게] 됩니다.

작품 속에서는 무슨 일이 벌어지고 있을까요? 무엇이 작품 속에서 im Werk 작동하고 am Werk 있는 것일까요? 반 고흐의 회화는 농민의 신발 한 켤레라는 도구가 진실로 어떤 무엇으로서 존재한다고 할 때 그 무엇을 비로소 열어젖히는 곳입니다. 이 존재자[신발 도구]는 자신의 존재가 막힘없는 채로 나타납니다. 존재자의 막힘없음을 그리스인들은 알레테이아ἀλήθεια[진실]라고 이름했습니다. 우리는 진실이라고 말하면서 좀처럼 이 낱말에 대해 충분히 생각하지 않습니다. 작품 속에서 진실의 벌어짐이 작동합니다. 이때 작품 속에서는 존재자를 그 자체로 그것답게 있는 것으로 열어젖히는 일이 벌어지고 있습니다.

예술의 작품 속에서는[예술이 작동할 때는] 존재자의 진실이 스스로를 작품 속에 작동하게 놓았습니다. 여기서 "놓음"은 서 있게 함을 뜻합니다. 작품 속에서 농민의 신발 한 켤레라는 존재자는 자기 존재의 밝은 곳 속에 서 있게 됩니다. 그 존재자의 존재는 지속해서 빛나게 됩니다.

정리하자면 예술의 본재는 존재자의 진실의 스스로를-작품-속에-작동하게-놓음일 것입니다. 그런데 이제까지 예술은 아름다운 것이나 아름다움과 관련이 있었지 진실과는 관련이 없었습니다. 사람들은 아름다운 작품을 산출하는 예술藝術을 도구를 수작업을 통해 제작하는 예술[공예工藝]과 구분해서 아름다운 예술[미술美術]이라고 이름합니다. 아름다운 예술에서 아름다운 것은 그 기술技術이 아닙니다. 예술이 아름답다고 말하는 이유는 아름다운 것을 산출하기 때문입니다. 아름다움과 달리 진실[참]은 논리학 분야에 속합니다. 반면 아름다움은 미학美學 분야에 남겨져 있습니다.

혹시 그렇지 않은 것은 아닐까요? 예술은 실다운[실재하는] 것을 모방하여 묘사하는 것이라는 견해, 즉 다행히도 이미 반박되었던 이 견해가 예술은 진실이 스스로를-작품-속에-작동하게-놓는 것이라는 명제와 함께 되살아나려는 것일까요? 물론 앞에 놓여 있는 존재자를 재현할 때는 그 존재자와 일치할 것, 즉 그 존재자와 맞을 것이 요구됩니다. 중세에는 아다이콰티오adaequatio[같음]를 말했고, 이미 아리스토텔레스가 호모이오시스ὁμοίωσις[닮음]를 말했습니다. 존재자와 일치하는 것은 오래 전부터 진실의 본재로 여겨져왔습니다. 그런데 우리는 반 고흐의 회화가 앞에 놓여 있는 농민의 신발 한 켤레를 따라 그렸고, 또 잘 따라 그렸기에 작품이라고 믿고 있나요? 우리는 그림을 그릴 때 실다운 것에서 그것과 똑같은 이미지를 꺼내서 그 이미지를 예술적…… 생산의 생산품 속에 옮겨놓는다고 믿고 있나요? 절대 그렇지 않습니다.

따라서 작품에서 중요한 것은 그 앞에 놓여 있는 개별 존재자를 재현하는 일이 아니라 아마도 사물들의 보편적인 본재[본질]를 재현하는 일일 것입니다. 그런데 이 보편적 본질은 과연 어디서 어떻게 있기에 예술 작품이 그것과 일치할 수 있을까요? 그리스 신전은 도대체 어떤 사물의 어떤 본질과 일치할 수 있단 말입니까? 그 건축품 속에서 신전의 이념[이데아]이 나타난다는 불가능한 주장을 할 수 있는 사람이 과연 있을까요? 그럼에도 불구하고 그것이 작품인 이상 그 작품 속에는 진실이 작동하게 놓여 있습니다. 다른 사례로 횔덜린의 송가 「라인강」을 생각해보도록 합시다. 이 송가의 경우 시인에게 앞서 주어진 것은 무엇일까요? 또 그것이 어떻게 앞서 주어졌기에 이어서 시 속에서 재현될[다시 주어질] 수 있는 것일까요? 물론 주지하다시피 이런 송가나 그것과 비슷한 시의 경우 예술 작품을 이미 실다운 것과 똑같은 이미지로 생각할 수는 없습니다. 그래도 23 [스위스의 시인] C. F. 마이어가 지은 시 「로마식 분수」와 같은 종류의 작품은 [실다운 것을] 따라 지은 것이 작품이라는 저 견해가 옳음을 가장 잘 증명하는 것처럼 보입니다.

    물줄기가 솟아오르다 떨어지며
    둥근 대리석 받침을 채우고,
    너울너울 그 받침을 타고
    둘째 받침의 바닥으로 넘쳐흐릅니다.
    둘째는 너무 불어나서
    출렁이며 넘치는 물을 셋째에 주고,
    그리고 각각 받으면서 동시에 주고

흐르면서 쉽니다.
「로마식 분수」

그렇지만 이 시는 실답게 앞에 놓여 있는 어떤 분수를 운문의 형식으로 따라 그린 것이 아닙니다. 또 로마식 분수의 보편적 본질을 재현한 것도 아닙니다. 그런데 진실은 작품 속에 작동하게 놓여 있습니다. 어떤 진실이 작품 속에서 벌어지고 있을까요? 진실은 도대체 벌어질geschehen 수 있는 것일까요? 그래서 역사적일geschichtlich[변천할] 수 있을까요? 하지만 사람들은 진실이 무無시간적이며 초超시간적인 [변함없는] 무엇인가라고 말합니다.

우리가 예술 작품의 실다움을 찾으려 애쓰는 목적은 예술 작품 속에서 힘을 발휘하는 예술을 그 속에서 실답게 찾아내기 위해서입니다. 작품에서 가장 친근하며 실다운 것으로 제시된 것은 사물적 성질을 지닌 하부구조였습니다. 이런 사물적 성질을 파악하기에는 전통적 사물 개념들이 충분하지 못합니다. 왜냐하면 그 개념들도 사물다운 측면의 본재를 놓치기 때문입니다. 심지어 두드러지게 지배적인 사물 개념, 즉 형태를 갖춘 재료라는 사물 개념조차 사물의 본재가 아니라 도구의 본재를 바탕으로 드러난 것입니다. 또 오래전부터 이미 존재자를 해석하는 데 있어 도구 존재가 묘한 우위를 주장해왔다는 점도 제시되었습니다. 그동안 도구 존재의 우위는 특별히 곰곰이 생각되지 않았습니다. 그 우위는 모든 친숙한 해석에서 벗어나 도구다운 측면에 대해 새롭게 물어보라고 눈짓을 보냈습니다.

우리는 작품이 우리에게 도구가 무엇인지 말하도록 했습니다. 그 과정에서 작품 속에서 작동하고 있는 것이 마치 손으로 가려진 것처럼 슬그머니 드러났습니다. 그것은 존재자가 그 존재에서 열어젖혀짐, 즉 진실의 벌어짐이었습니다. 그런데 작품의 실다움은 오직 작품 속에서 작동하고 있는 것에 의해서만 규정될 수 있습니다. 그렇다면 이제 실다운 예술 작품의 실다움을 찾아 나서려는 우리의 계획은 어떻게 되었나요? 앞서 작품의 실다움이 사물적 성질을 지닌 하부구조에 있다고 추정했을 때 우리는 잘못된 길을 걷고 있었습니다. 이제 우리는 우리의 성찰이 낳은 기이한 성과를 마주합니다. 물론 그런 것도 성과라고 말할 수 있다면 말이지요. 두 가지가 선명해집니다.

첫째, 작품에서 사물적 성질을 파악하는 수단으로 삼았던 지배적인 세 가지 사물 개념은 충분하지 못합니다.

둘째, 우리가 그 수단을 가지고 작품의 가장 친근한 실다움으로 파악하려 했던 것, 즉 사물적 성질을 지닌 하부구조는 그렇게 [하부구조로서] 작품에 속하지 않습니다.

작품에서 이 같은 하부구조를 목표로 삼을 때 우리는 곧바로 우리도 모르게 작품을 도구로 간주했고, 예술적 성질을 지닌다고 하는 상부구조가 그 도구에 더 있다고 인정한 것입니다. 그런데 작품은 도구에 미적 가치가 갖춰지고 더해진 것이 아닙니다. 그런 것이 작품이 아닌 것과 마찬가지로 단순한 사물도 도구에서 단지 그 본래의 성격, 즉 그 용도로 쓰이기 위해 제작되었다는 성격만 빠진 것이 아닙니다.

우리가 작품에 대해 제기한 물음의 토대가 흔들렸습니다. 왜냐하면 우리는 작품에 대해서가 아니라 절반은 사물에 대해 그리고 나머지 절반은 도구에 대해 물었기 때문입니다. 그러나 우리가 처음에 제기하고 개진한 것은 이런 물음이 아니었습니다. 이는 미학 분야에서 제기하는 물음입니다. 이전부터 미학 분야에서 예술 작품을 고찰하는 방식은 모든 존재자에 대한 전통적 해석의 지배를 받아왔습니다. 하지만 이렇게 익숙한 물음의 토대를 흔드는 일이 [이 강연의] 핵심은 아닙니다. 중요한 일은 처음으로 눈을 뜨는 것입니다. 우리는 그 눈으로 존재자의 존재에 대해서 생각할 때 비로소 우리에게 더욱더 가까이 다가오는 작품의 작품다운 측면, 도구의 도구다운 측면, 사물의 사물다운 측면을 볼 수 있습니다. 그러기 위해서는 먼저 자명함의 장벽을 허물어야 하고, 친숙한 사이비 개념들을 옆으로 제쳐놓아야 합니다. 그 때문에 우리는 멀리 둘러 가는 길을 걸을 수밖에 없었던 것입니다. 그런데 동시에 그 길은 작품에서 사물다운 측면을 규정하는 데로 이를 수 있는 길로 우리를 데려다줍니다. 작품에 있는 사물다운 측면의 존재가 부인되어서는 안 됩니다. 그런데 이 사물다운 측면이 이미 작품의 작품 존재에 속한다면 그 측면은 분명 작품다운 측면을 바탕으로 생각되어야 할 것입니다. 사정이 그렇다면 작품의 실답게 사물다운 측면을 규정하는 길은 사물을 거쳐서 작품에 이르는 것이 아니라 오히려 작품을 거쳐서 사물에 이를 것입니다.

예술 작품은 자기 나름의 방식대로 존재자의 존재를 열어젖힙니다. 작품 속에서는 이런 열어젖힘이 벌어집니다. 즉 막힘을 없애는 일이 벌어지고, 다시 말해 존재자의 진실[막힘없음]이 벌어집니다. 예술 작품 속에서는 존재자의 진실이 스스로를 작품 속에 작동하게 놓았습니다. 예술은 진실의 스스로를-작품-속에-작동하게-놓음입니다. 때때로 예술로서 [존재 사건답게] 일어나는 진실 자체는 무엇일까요?[1] 이렇게 스스로를-작품-속에-작동하게-놓음은 무엇일까요?

1 1960년 레클람 판본: 진실은 존재 사건으로부터!

작품과 진실

예술 작품의 샘은 예술입니다. 그런데 예술이란 무엇일까요? 예술은 예술 작품 속에 실답게 있습니다. 그 때문에 우리는 먼저 작품의 실다움을 찾으려 애씁니다. 그 실다움은 무엇일까요? 모든 예술 작품은 예외 없이 사물다운 측면을 제시합니다. 물론 그 제시 방식은 각각 전혀 다르지요. 익숙한 사물 개념들을 가지고 작품의 그런 사물 성격을 파악하려 한 시도는 실패했습니다. 실패 원인은 한편으로는 그 개념들이 사물다운 측면을 잡아내지 못했기 때문이고, 다른 한편으로는 우리가 선입견에 사로잡힌 채 작품에서 사물적 성질을 지닌 하부구조에 대해 물었기 때문입니다. 그 선입견은 우리가 작품의 작품 존재에 이르는 통로를 막아버립니다. 작품이 순수하게 자신 속에 서 있다는 게 무엇인지 명료하게 제시되지 않는다면 작품에서 사물다운 측면이 무엇인지 결코 결정될 수 없을 것입니다.

26 하지만 과연 작품 그 자체에 접근할 수 있을까요? 이런 접근을 잘할 수 있으려면 작품을 그것 자체가 아닌 것과 맺은 모든 관계의 바깥으로 밀어내어 오직 홀로 스스로에 기대어 쉬도록 놔두어야 할 것입니다. 그런데 이는 이미 예술 작가가 도달하고자 하는 가장 고유한 목표입니다. 예술 작가를 통해 [그 모든 관계로부터] 내보내진 작품은 스스로 순수하게 자신 속에 서 있게 된다고 합니다. 이 강연에서는 오직 위대한 예술에 대해서만 말합니다. 그야말로 위대한 예술의 경우 예술 작가는 작품에 비해 중요하지 않은 무엇인가로 있습니다. 즉 마치 작품이 분출하는 통로와도 같은 예술 작가는 창작 과정에서 자기 자신을 비우는 것 같습니다.

그렇게 해서 작품 자체가 박물관과 전시장에 서 있고 걸리게 됩니다. 그런데 그곳에서 작품은 원래 작품 그 자체로서 있는 것일까요? 그렇지 않고 오히려 예술 사업의 대상으로서 있는 것은 아닐까요? 예술 작품은 공공장소에서 또는 개인이 소유하여 즐길 수 있습니다. 공공 기관은 작품을 관리하고 유지하는 일을 맡습니다. 예술 전문가와 비평가는 작품에 몰두합니다. 미술상美術商은 [예술] 시장에 신경을 씁니다. 예술사 연구는 작품을 과학의 대상으로 삼습니다. 하지만 이렇게 다양하고 분주한 활동 속에서 우리는 작품 자체와 마주치고 있는 것일까요?

뮌헨의 박물관에 있는 〈아이기나섬 아파이아 신전의 합각머리 조각 장식〉과 소포클레스의 비극 『안티고네』의 최고의 원전

비평 판본은 그 작품들 자체의 관점에서 볼 때 그것들이 고유하게 본재했던 공간에서 떨어져 나왔습니다. 그것들의 의의는 매우 커서 깊은 인상을 남길 수 있습니다. 그것들의 보존 상태는 매우 좋을 수 있습니다. 그것들에 대한 해석은 매우 정확할 수 있습니다. 하지만 아무리 그렇다고 하더라도 박물관으로 옮겨 놓인 이상 그것들은 자신들의 세계에서 멀어져버렸습니다. 물론 우리는 작품을 그렇게 옮겨놓는 일을 그만두거나 피하려 노력할 수 있습니다. 예컨대 파에스툼의 신전이 위치한 장소나 밤베르크의 대성당이 위치한 광장으로 찾아 나설 수 있습니다. 하지만 그런 노력에도 앞에 놓여 있는 작품들의 세계는 무너져버렸습니다.

멀어진 세계와 무너진 세계는 결코 더 이상 되돌려질 수 없습니다. [박물관에 있는] 작품들은 더 이상 [자신들의 세계 속에] 있었던 것들과 같지 않습니다. 물론 박물관에서 우리와 마주치는begegnen 것들은 작품들 자체입니다. 하지만 그것들 자체는 있었던 것들입니다. 그렇게 있었던 작품들은 전통과 보호의 영역에서 우리와 마주entgegen 서stehen 있습니다. 향후 그것들은 그렇게 마주 서 있는 대상들Gegenstände로만 머물 것입니다. 물론 작품들이 마주 서 있는Entgegenstehen 것은 그것들이 이전에 자신 속에 서 있었던Insichstehen 것에서 나온 한 결과입니다. 하지만 그것들은 더 이상 자신 속에 서 있지 않습니다. 자신 속에 서 있음[그 자체로 홀로 서 있음]이 그것들로부터 사라져버린 것입니다. 물론 예술 사업이 최고의 호황을 누리고 작품 자체를 위해서 모든 측면에서 활발히 일어날 수 있습니다. 하지만 항상 그 모든 사업은 작품의 대상 존재[대상답게 존재하는 작품]까지만 다다릅니다. 그렇지만 그런 존재가 작품의 작품 존재인 것은 아닙니다.

그런데 작품이 모든 종류의 관계에서 벗어나 서 있을 때도 여전히 작품으로 남아 있을까요? 관계 속에 서 있음은 작품의 속성이 아닐까요? 아무렴 맞습니다. 다만 작품이 어떤 관계 속에 서 있는지는 물어야 합니다.

작품은 어디에 속할까요? 작품으로서[작품답게] 존재하는 작품이 속하는 유일한 영역은 작품 자체에 의해 열어젖혀지는 곳입니다. 왜냐하면 작품의 작품 존재는 본재하고, 그렇게 열어젖힐 때만 본재하기 때문입니다. 우리는 작품 속에서 진실의 벌어짐이 작동한다고 말했습니다. 예로 든 반 고흐의 그림은 이런 벌어짐을 가리키고자 한 것이었습니다. 벌어짐과 관련해서 생겨난 물음은 진실이 무엇이고 어떻게 벌어질 수 있는가라는 것이었습니다.

이제 우리는 진실에 대한 물음을 작품과 관련해 묻습니다. 그런데 우리는 물음 속에 서 있는 것과 좀 더 친밀해져야 합니다. 그러려면 작품 속에서 진실이 벌어지는 것을 새로이 보여줄 필요가 있습니다. 이를 위해 재현 예술에 포함되지 않는 작품을 골라봅시다.

그리스 신전과 같은 건축품은 어떤 것을 따라 지은 것이 아닙니다. 그 신전은 무수히 갈라져 터진 바위산들 사이의 분지 중심에 소박하게 서 있습니다. 그 건축품은 신의 형체[조각상]를 감싸고 있고, 그렇게 감추어진 조각상을 기둥이 줄지어 늘어선 주랑柱廊의 열린 넓은 공간을 통해 성스러운 구역으로 나서도록 합니다. 신전을 통해 신은 신전 속에 현재합니다. 신이 이렇게 현재하는 것은 그 자체로 그 구역을 성스럽게 확장하면서 경계를 정하는 것입니다. 그런데 신전과 그 구역의 경계는 점점 희미해져서 막연해지지 않습니다. 신전 작품은 [인생의] 모든 궤도와 관계를 처음으로 통일을 이루도록 엮는 동시에 그것들을 그 주변으로 모읍니다. 그 궤도와 관계 속에서 태어남과 죽음, 불행과 축복, 승리와 굴욕, 존립과 몰락 ― 은 사람에게 그 자신의 역사적 운명의 모습을 띠고 나타납니다. 이렇게 열린 관계가 힘을 발휘하는 넓은 공간이 역사적[역사를 일으키는] 민족의 세계입니다. 그 세계로부터 그리고 그 세계 속에서 민족은 비로소 스스로에게로 돌아와 주어진 사명을 완수하게 됩니다.

  거기에 서 있는 건축품은 바위로 된 토대 위에서 쉬고 있습니다. 이렇게 쉬고 있는 작품은 어떤 어두움[신비]을 바위로부터 꺼내어 드러내고 있습니다. 그 신비는 그 볼품없는 바위가 자족하면서 [신전을] 떠받치는 데에 있습니다. 거기에 서 있는 건축품은 그 위로 휘몰아치는 사나운 폭풍을 견디고, 그럼으로써 비로소 폭풍 자체의 힘을 보여줍니다. 암석은 광택이 있고 빛을 냅니다. 물론 태양의 은총에 의해서만 그러는 것처럼 보입니다. 하지만 그렇게 빛을 내는 암석이 비로소 밝은 낮과 넓은 하늘 그리고 깜깜한 밤을 출-현시킵니다[앞에서-빛나게 합니다]. [신전이] 견고하게 솟음으로써 이전에 볼 수 없던 대기의 공간을 볼 수 있게 합니다. 흔들림 없는 작품의 쉼은 강한 파도와 함께 밀려드는 바다에 대조되어 돋보이며 바다의 맹렬함이 나타나도록 합니다. 나무와 풀, 독수리와 황소, 뱀과 귀뚜라미가 비로소 각자의 뚜렷한 모습을 지니고, 그럼으로써 그것들 자체로 출현하게 됩니다. 이렇게 나타나며 자라남 자체와 그렇게 자라나는 전체를 그리스인들은 일찍이 퓌시스φύσις[자연]라고 이름했습니다. 동시에 퓌시스는 사람이 거주하는 토대와 환경이 되는 곳을 틉니다. 그곳을 우리는 대지[흙, 지구]라고 이름합니다. 이 낱말이 이 강연에서 뜻하는 것은 퇴적된 물질 덩어리라는 관념이나 행성이라는 그저 천문학적인 관념과는 거리가 멉니다. 자라남은 모든 자라나는 것을, 그것도 그 자체로 대지로 되돌아오게 하면서 품습니다. 자라나는 것 속에서 대지는 품는 것으로서 본재합니다.

신전 작품[작동하는 신전]은 거기에 서 있으며 하나의 세계를 열어젖히는 동시에 그 세계를 대지 위에 되세웁니다. 그렇게 해서 대지도 비로소 고향의 땅[근거]으로 나타나게 됩니다. 사람들과 동물들, 식물들과 사물들[무생물들]이 변함없는 익숙한 대상들로서 앞에 놓여 있다가 훗날 지어져 현재하게 된 신전에 우연히 잘 어울리는 주변 환경이 되는 게 결코 아닙니다. 오히려 모든 것을 정반대 방향으로[1] 생각할 때 우리는 존재하는 것에 가까이 가게 될 것입니다. 물론 그렇게 생각하려면 모든 것이 우리에게 어떻게 다르게 향하는지 볼 수 있어야 합니다. 단순히 정반대 방향으로 생각하기만 해서는 아무런 성과도 없을 것입니다.

거기에 서 있는 신전은 사물들에는 비로소 각각의 얼굴Gesicht을, 사람들에게는 비로소 자기 자신에 대한 전망Aussicht을 부여합니다. 신이 신전 작품을 떠나지 않은 동안, 즉 그 작품이 작품답게 있는 동안 신전이 부여한 얼굴과 전망은 닫히지 않은 채로 머물러 있습니다. 이런 사정은 신을 조각한 작품도 마찬가지입니다. 운동경기의 승자는 그 조각품을 신에게 봉헌하는데, 그것은 사람들이 신의 모양을 더 쉽게 알게끔 신을 똑같이 따라 조각한 것이 아닙니다. 오히려 그것은 신 자체를 현재하도록 하고, 그리하여 신 자체로 존재하는 작품입니다. 언어로 된 작품도 마찬가지입니다. [고대 그리스] 비극에서는 [무엇인가를 똑같이 따라 지은] 어떤 것도 상연되거나 공연되지 않습니다. 오히려 오래된 [거인족] 신들에 맞서는 새로운 [올림포스] 신들의 대결이 펼쳐집니다. 이 언어로 된 작품은 민족의 이야기 속에서 생겨납니다. 그러므로 그 작품은 신들의 대결에 관해 말하는 게 아니

---

[1] 1960년 레클람 판본: 정반대 방향으로 향한다 — 어느 방향으로?

라 민족의 이야기를 크게 변화시킵니다. 그래서 이제는 모든 본 재하는[핵심적인] 낱말이 신들의 대결을 이끌고, 무엇이 성스럽고 무엇이 속된지, 무엇이 위대하고 무엇이 왜소한지, 무엇이 용감하고 무엇이 비겁한지, 무엇이 고귀하고 무엇이 덧없는지, 무엇이 주인이고 무엇이 노예인지 결정되게 합니다(헤라클레이토스의 단편 53번["대결[투쟁]은 모든 것의 아버지이지만 모든 것의 왕이기도 합니다. 그리고 그것은 어떤 이들을 신으로 다른 이들을 사람으로 규정했고, 어떤 이들은 노예로 다른 이들은 자유인으로 만들었습니다."]을 참조하라).

자, 작품의 작품 존재는 무엇일까요? 방금 투박하게나마 제시한 것을 잊지 않으면서 우선 작품의 두 가지 본재적 흐름을 더 명료하게 만들어봅시다. 이때 우리는 작품 존재와 관련해 오래전부터 익숙하고 눈에 잘 띄는 사물다운 측면에서부터 시작합니다. 그 측면은 우리가 작품과 맺는 낯익은 관계의 지지대가 되어줍니다.

작품이 박물관에 소장되거나 전시장에 진열될 때 사람들은 작품이 설치된다고도 말합니다. 그런데 그렇게 설치하는Aufstellen 것은 건축품을 완공하거나Erstellung 조각상을 건립하거나 대제전大祭典에서 비극을 상연한다Darstellen는 의미의 일으켜 세우는Aufstellung 것과는 본재적 차원에서 다릅니다. 이런 의미에서 세우는 것은 봉헌과 찬양의 의미에서 건립하는 것입니다. 여기서 말하는 세움은 더 이상 단순한 진열을 가리키지 않습니다.

봉헌하는 것은 성스럽게 하는 것이고, [신전이] 작품으로서 완공될 때 성스러운 곳을 성스럽게 열어젖히고 신을 자신의 현재성現在性의[자신이 현재하는] 열린 곳으로 불러들이는 것입니다. 이런 봉헌에는 신의 위엄과 영광을 기리는 찬양도 속합니다. 위엄과 영광은 신과 분리되어 그 옆이나 앞에 있는 속성들이 아닙니다. 오히려 위엄, 즉 영광 속에서 신은 현재합니다. 이런 영광을 받아 광택이 나는 트인 곳을 우리는 세계라고 이름했습니다. 건-립Er-richten은 올바른Rechte 것을 여는 것을 뜻합니다. 올바른 것은 [세계를] 안내하는 지침을 주는 척도입니다. 즉 모든 지침을 주는 본재다운 것입니다. 그런데 작품의 일으켜 세움은 왜 봉헌하며-찬양하는 건-립일까요? 왜냐하면 작품이 그 작품 존재 속에서[작품이 작품답게 존재할 때] 그런 건-립을 요구하기 때문입니다. 어찌하여 작품은 그런 일으켜 세움을 요구하게 될까요? 왜냐하면 작품 자신이 그 작품 존재 속에서 일으켜 세우면서 있기 때문입니다. 작품이 작품으로서 존재할 때 일으켜 세우는 것은 무엇일까요? 작품은 자신-속에서-솟아오르면서 하나의 세계를 열어젖히고 이 세계가 힘을 발휘하며 머물러 있게 합니다.

  작품답게 존재하는 것은 하나의 세계를 일으켜 세우는 것을 뜻합니다. 그런데 하나의 세계란 무엇일까요? 그것은 신전을 언급했을 때 암시되었습니다. 우리는 이 강연에서 걸어가야 하는 길에서 세계의 본재를 그저 지시만 할 수 있습니다. 그렇게 지시하는 것도 처음에 그 본재를 바라보는 것을 혼란케 할지도 모르는 것을 그저 예방하기 위해서일 뿐입니다.

세계는 셀 수 있거나 셀 수 없는 앞에 놓여 있는 사물[것], 익숙한 것과 익숙하지 않은 것을 단순히 모두 모아놓은 것이 아닙니다. 또 세계는 앞에 놓여 있는 모든 것을 합한 총체에 그 테두리처럼 덧붙은 상상의 관념에 불과한 것도 아닙니다. 세계는 세계로서 존재하고, 세계의 존재 품격은 우리가 손에 쥘 수 있거나 감지할 수 있는 것들의 존재 품격보다 더 높습니다. 그것들에 둘러싸여 우리는 고향에 있는 듯 아늑함을 느낀다고 믿습니다. 세계는 우리 앞에vor 서steht 있어서 볼 수 있는 대상[마주 서 있는 것]이 결코 아닙니다. 세계는 언제나 대상화할 수 없는 것입니다. 태어남 및 죽음, 축복 및 저주와 같은 [인생의] 궤도는 우리를 존재[삶]¹ 속으로 밀어놓으며 유지합니다. 그때 우리는 세계의 영향 아래에 서 있는unterstehen 것입니다. 우리 역사에서 본재적 차원의 결정들이 내려지는 곳에 세계는 세계로서 존재합니다. 우리는 그런 결정을 받아들이거나 포기하고, 혹은 그런 결정에 관해 잘못 판단하거나 재차 묻기도 합니다. 돌덩이에는 세계가 없습니다. 이와 마찬가지로 식물과 동물도 세계를 가지지 않습니다. 오히려 그것들은 가려진 채 밀려드는 주변 환경에 붙어 있고 그 일부입니다. 그것들과 달리 농사짓는 여인은 열린

---

1 1960년 레클람 판본: 현-존재, 1957년 3판: 시간.

존재자 속에 머무르므로 하나의 세계를 갖습니다. 정情이 든 도구는 이런 세계에 그 고유한 필연성과 가까움을 부여합니다. 세계가 열리면 모든 것은 각각의 느긋함과 조급함, 각각의 멂과 가까움, 각각의 넓음과 좁음을 얻습니다. 세계가 세계로서 존재할 때는 광활한 공간이 모여 있으며, 그곳으로부터 신들의 가호와 은총이 선물로 주어지거나 주어지지 않습니다. 신이 찾아오지 않는다는 비운否運도 세계가 세계로 존재하는 한 방식입니다.

작품은 작품으로서[작동하며] 존재하면서 저 광활한 공간을 마련합니다. 여기서 공간 마련은 열려 있는 빈[자유로운] 곳을 비어 있게 하는 것과 이 빈 곳을 그 전체적인 흐름에 따라 채우는einrichten 것 둘 다를 뜻합니다. 이렇게 채우는Ein-richten[안으로-맞추는] 것은 앞서 언급한 건-립하는Er-richten[바깥으로-맞추는] 것을 바탕으로 본재합니다. 작품은 작품으로서 존재하면서 세계를 일으켜 세웁니다. 작품은 열린 세계를 열린 채로 유지합니다. 그런데 세계를 일으켜 세움은 작품의 작품 존재와 관련해서 이 강연에서 언급할 본재적 흐름 가운데 한 가지일 뿐입니다. 작품 존재에는 또 한 가지의 본재적 흐름이 속합니다. 그 흐름을 볼 수 있도록 하는 작업을 지금까지와 같은 방식으로 작품에서 눈에 잘 띄는 측면으로부터 시도해봅시다.

어떤 작품이 이런저런 작품의 재료로부터 — 돌덩이, 목재, 금속, 색채, 언어, 음향으로부터 — 산출될 때 사람들은 그 작품이 그 재료로부터 제작되었다고 말하기도 합니다. 그런데 작품의 작품 존재가 세계를 일으켜 세움Aufstellung이기 때문에 작품은 봉헌하고-찬양하는 건립의 의미에서 일으켜 세움을 요구합니다. 이와 마찬가지로 작품의 작품 존재 자체가 제작Herstellung[데려와 세움]의 성격을 갖기 때문에 데려와 세움도 필요해집니다. 작품은 작품으로서 본재할 때 데려와 세우면서 존재합니다. 그런데 작품은 무엇을 데려와her 세울까요stellt? 우리는 그 무엇을 흔히 작품의 제작이라고 불리는 눈에 잘 띄는 활동을 탐구할 때 비로소 경험할 것입니다.

  작품 존재에는 세계를 일으켜 세움이 속합니다. 이런 규정을 배경으로 생각해본다면 작품에서 사람들이 보통 작품의 재료라고 이름하는 것의 본재는 무엇일까요? 도구는 용도와 쓸모에 의해 규정됩니다. 따라서 도구는 그것을 이루는 재료가 쓰이도록 합니다. 돌덩이는 예컨대 돌도끼와 같은 도구를 제작할 때 사용되고 소모됩니다. 돌덩이는 돌도끼가 그 용도로 쓰일 때 사라집니다. 도구가 도구답게 존재할 때 그 재료는 점점 덜 저항하고 드러나지 않게 됩니다. 그럴수록 그 재료는 더욱더 좋고 적합한 재료일 것입니다. 도구와 달리 신전-작품[작동하는-신전]은 세계를 일으켜 세울 때 자신의 재료를 사라지게 하는 게 아니라 최초로 출현하게 합니다. 그것도 작품의 열린 세계 속에서 말이지요. 그곳에서 바위는 떠받치면서 쉬게 되고, 그리하여 비로소 바위다워집니다. 그곳에서 금속은 번쩍이면서 희미하게 빛나게 되고, 색채는 빛을 내게 되고, 소리는 울리게 되고, 낱말은 이야기하게¹ 됩니다. 이 모든 것이 출현할 때 작품은 묵직하면서 무거운 돌덩이 속에, 질기면서 잘 휘어지는 목재 속에, 단단하면서 광택이 나는 금속 속에, 밝거나 어두운 색채 속에, 소리의 울림과 낱말의 이름하는[가리키는] 힘 속에 되세워집니다.

작품이 되세워지는 곳, 그리고 작품이 그렇게 되세워지면서 출현하게 하는 곳을 우리는 대지라고 이름했습니다. 대지는 출현하면서-품는 것입니다. 대지는 자족하며 힘겨워하지 않고-지칠 줄 모릅니다. 역사적인 사람은 자신이 세계 속에서 거주하는 것의 근거를 대지 위와 그 속에 둡니다. 작품은 세계를 일으켜 세우면서 대지를 데려와 세웁니다. 여기서 데려와 세움이라는 말은 그 낱말의 엄격한 의미에 따라 생각되어야 합니다.² 작품은 대지 자체를 하나의 열린 세계 속으로 밀어 넣고 그 속에서 유지합니다. 작품은 대지 일반을 하나의 대지로 있도록 합니다.³ ⁴

하지만 왜 대지를 데려와 세우는 일은 작품이 대지 속에 되세워지는 방식으로 벌어질 수밖에 없을까요? 대지는 무엇이기

---

1 1960년 레클람 판본: 소리를 내게, 말하게.
2 1960년 레클람 판본: 불충분하다.
3 1960년 레클람 판본: [있도록] 명하다? [『강연과 논문Vorträge und Aufsätze』에 포함된] 「사물」의 사방四方-모음Ge-Viert을 참조하라.
4 1960년 레클람 판본: 사건.

에 바로 그런 방식으로 막힘없는 곳 속에 다다르게 되는 것일까요? 돌덩이는 내리누르면서 그 무거움을 표현합니다. 그런데 돌덩이의 무거움은 우리를 향해 누르는 동시에 그 무거움 속으로 파고드는 우리의 모든 탐구를 거부합니다. 바위를 깨부수는 방식으로 그런 탐구를 시도해봅시다. 그래도 그 깨진 조각들은 바위의 열린 내부를 절대 내보이지 않을 것입니다. 즉각 다시 돌덩이는 여전히 알 수 없는 조각들의 그 내리누름과 묵직함 속으로 물러섭니다. 이런 묵직함을 다른 방식으로 파악하려 돌덩이를 저울에 올려놓아봅시다. 그러면 우리는 돌덩이의 무거움을 그저 무게로 잴 뿐입니다. 무게는 돌덩이에 대한 매우 정확한 규정일지도 모릅니다. 그 규정은 숫자로 표시됩니다. 하지만 돌덩이의 내리누름은 우리에게서 벗어나버렸습니다. 색채는 빛을 내기 시작하고 빛을 내려고만 합니다. 우리가 색채를 이해하기 쉽게 계측해서 파동의 수에 따라 분해하면 색채는 사라져버립니다. 색채는 여전히 감춰진 채 신비에 둘러싸여 있을 때만 그 자신을 보여줍니다. 정리하자면 대지는 대지 속으로 파고드는 모든 탐구를 대지 자체에 부딪쳐 산산이 부서지게 합니다. 대지는 그저 계량적일 뿐인 끈질긴 탐구를 모두 파괴 행위로 변화시킵니다. 물론 이런 파괴는 자연을 기술과 과학의 대상으로 삼는 형태로 지배와 진보라는 가면을 쓸 수 있습니다. 하지만 이런 지배는 무력한 의지로 있습니다. 대지가 그 본재에서 전혀 드러날 수 없는 것으로서 주목되고 보존되는 곳에서만 대지는 트인 채로 그 자체로 나타날 수 있습니다. 대지는 그것을 드러내려는 모든 시도 앞에서 물러섭니다. 다시 말해 끊임없이 숨어 있습니다. 대지의 모든 것, 즉 대지 전체는 그 자체로 서로 조화를 이루어 흐르며 퍼집니다. 그런데 이렇게 퍼지는 흐름으로 모든 것의 경계가 흐려지는 것은 아닙니다. 여기서 흐르는 흐름은 스스로에 기초하며 모든 것의 경계를 정해주고, 동시에 현재하는 모든 것의 현재하는 경계를 각각 정해줍니다. 그리하여 숨는 모든 것은 각각 [다른 모든 것과] 마찬가지로 서로를[스스로를]-알지-못합니다. 대지는 그 본재에서[대지는 본재할 때] 숨는 것입니다. 대지를 데려와-세움은 대지를 숨는 것으로서 열린 곳에 옮김을 뜻합니다.

작품은 자신을 대지 속에 되세우면서 대지를 데려와 세우는 34 일을 수행합니다. 그런데 대지가 숨는 것은 변함없이 딱딱하게 뒤덮인 채 어둠 속에 머물러 있는 게 아닙니다. 오히려 대지는 무한히 다양하며 소박한 방식과 형체로 숨습니다. 물론 조각가가 돌덩이를 사용하는 양식은 석공이 돌을 다루는 양식과 다르지 않습니다. 하지만 조각가는 돌덩이를 소모하지[사용해버리지] 않습니다. 단지 작품이 잘못되는 곳에서만 돌덩이는 어느 정도 소모됩니다. 화가도 물론 물감을 사용합니다. 하지만 그때 색채는 소모되지 않고 오히려 비로소 빛을 내게 됩니다. 시인도 물론 낱말을 사용합니다. 그렇지만 그 사용 방식은 일상적으로 말하거나 글을 쓰는 사람들이 낱말들을 소모할 수밖에 없는 방식과는 다릅니다. 오히려 시인이 낱말을 사용하는 방식은 낱말이 비로소 진실로 낱말이 되고 낱말로 머무르게 하는 것입니다.

작품 속 어디에도 작품의 재료와 같은 것은 본재하지 않습니다. 심지어는 도구의 본재를 규정했을 때 도구를 이루는 것을 재료로 특징지은 것이 그것의 도구다운 측면의 본재에 적합했는지도 의심스럽습니다.

세계를 일으켜 세움과 대지를 데려와 세움은 작품의 작품 존재 속에 있는 두 가지 본재적 흐름입니다. 그런데 두 흐름은 통일된 작품 존재에서 서로에게 속합니다.[1] 우리는 작품의 자신 속에 서 있음에 대해 곰곰이 생각할 때 그 통일성을 찾으려 애쓰고 있는 것입니다. 또 그때 우리는 자신에 기대어 쉬고 있는 작품의 완결된 통일적 쉼에 대해 말하려 합니다.

우리가 언급한 두 가지 본재적 흐름은 어쨌든 부적절하지 않습니다. 그런데 우리가 그런 흐름으로 작품 속에서 알아낸 것은 어떤 벌어짐이지 결코 어떤 쉼이 아닙니다. 쉼이 움직임과 정반대가 아니라면 도대체 무엇이겠습니까? 물론 자신의 움직임을 배제하지 않고 포함하는 쉼은 정반대가 아닙니다. 움직인 것만이 쉴 수 있습니다. 움직임 각각의 방식에 따른 쉼의 방식이 있습니다. 물론 단순히 물체의 장소를 바꾸는 움직임에서

---

[1] 1957년 3판: 거기[작품 존재]에서만? 아니면 여기에서는 그저 지어진 방식으로만.

쉼은 더 이상 움직이지 않는 한계점에 불과합니다. 쉼이 움직임Bewegung[운동]을 포함한다면 움직임이 긴밀하게 모아진 쉼, 그러니까 최고의 운동 상태Bewegtheit와 같은 쉼이 있을 수 있습니다. 다만 그런 종류의 움직임이 이 같은 쉼을 요구하고 있어야 합니다. 이 같은 방식으로 쉬고 있는 것이 바로 자신에 기대어 쉬는 작품입니다. 그러므로 작품 존재 속에서 벌어짐의 운동 상태를 통일적으로 파악할 수 있을 때 우리는 작품의 쉼에 가까이 다가갈 것입니다. 우리는 묻습니다. 세계를 일으켜 세움과 대지를 데려와 세움은 작품 자체 속에서 어떤 관계를 맺을까요?

    세계는 스스로를 여는 열림입니다. 즉 역사적 민족의 역사적 운명 속에서 간단한 본재적 결정들을 내리기 위한 여러 넓은 궤도가 열린 곳입니다. 대지는 끊임없이 숨으며 품는 것이 자족하며 출현하는 것입니다. 세계와 대지는 본재적 차원에서 서로 다르지만 분리된 적은 없습니다. 세계는 대지 위에 근거하고, 대지는 세계를 통해 솟아납니다. 그러나 세계와 대지 사이의 관계는 서로 아무런 관련 없이 마주 놓인 채 공허하게 통일을 이루는 것으로 결코 위축될 수 없습니다. 세계는 대지 위에 기초하면서 대지를 드높이기 위해 힘씁니다. 스스로를 여는 세계는 숨어 있는 어떤 것도 허용하지 않습니다. 반면 품는 대지는 언제나 자기 품으로 세계를 끌어들여 간직하는 경향이 있습니다.

    세계와 대지가 서로 대립하는 것은 투쟁하는 것입니다. 우리

35

는 투쟁의 본재를 불화나 언쟁과 혼동하기 때문에 그것을 단지 방해하면서 파괴하는 것으로만 알고 있습니다. 그러면 당연히 우리는 그 본재를 너무 쉽게 왜곡하는 것입니다. 하지만 본재적 차원의 투쟁이 일어날 때는 투쟁하는 것들이 각각 상대가 자신의 본재를 지키도록 서로를 끌어올립니다. 이렇게 지키는 것은 결코 투쟁하는 것들이 자신들의 어떤 우연한 상태를 고집하는 것일 수 없습니다. 오히려 투쟁하는 것들은 그 존재가 새어 나온 숨겨진 샘에 자신들을 넘겨줍니다. 투쟁할 때 투쟁하는 것들은 각각 상대가 자신을 넘어서도록 서로를 떠받칩니다. 그리하여 투쟁은 점점 더 투쟁답게 격렬해지고 점점 더 본래적으로 투쟁 그 자체가 됩니다. 투쟁은 점점 더 격하게 스스로 자기 자신을 능가합니다. 그럴수록 투쟁하는 것들은 더욱더 꿋꿋이 긴밀하면서도 간단히 서로에게 속하도록 풀려납니다. 대지 자체가 숨은 채로 자유롭게 밀려드는 것으로서 나타나려면 열린 세계를 결여해서는 안 됩니다. 모든 본재적인 역사적 운명이 힘을 발휘하는 넓은 궤도로서의 세계 역시 결정된 것 위에 근거하려면 대지로부터 떠올라 멀어지면 안 됩니다.

  작품은 세계를 일으켜 세우고 대지를 데려와 세우면서 세계와 대지 사이의 투쟁을 일으킵니다. 그런데 작품이 이런 일을 벌이는 목적은 투쟁을 흐지부지한 타협으로 해결하여 끝내기 위해서가 아니라 투쟁을 투쟁으로[투쟁답게] 있게 하기 위해서입니다. 작품은 세계를 일으켜 세우고 대지를 데려와 세우면서 그 투쟁을 완수합니다. 작품의 작품 존재는 세계와 대지 사이의 투쟁Streit을 투쟁답게 맞붙이는Bestreitung 것입니다. 투쟁은 [세계와 대지 사이의] 간단하며Einfachen [홑겹의] 긴밀한 상태에서 최고도에 달합니다. 그래서 투쟁을 투쟁답게 맞붙일 때 작품의 통일성Einheit이 벌어집니다. 투쟁을 투쟁답게 맞붙이는 것은 작품에서 [움직임이] 계속해서 점점 더 모아지는 운동 상태입니다. 따라서 이렇게 긴밀하게 투쟁하는 상태가 그 자신 속에서 쉬고 있는 작품의 쉼의 본재입니다.

작품의 이런 쉼을 보며 우리는 비로소 작품 속에서 작동하는 것을 알 수 있습니다. 예술 작품 속에 진실이 작동하게 놓여 있다는 주장은 여태까지도 잠정적인 주장으로 남아 있었습니다. 작품이 작품으로서 존재할 때, 지금 논의의 맥락에서 다시 말하면 세계와 대지 사이의 투쟁을 투쟁답게 맞붙일 때 도대체 왜 진실이 벌어지는 것일까요? 진실이란 무엇일까요?

진실의 본재에 대한 우리의 앎은 매우 부족하고 불완전합니다. 이는 진실이라는 근본 낱말을 사용하는 관습에 우리가 부주의하게 젖어 있다는 점에서 보입니다. 사람들이 말하는 진실은 대개 이런저런 개별 진실Wahrheit을 의미합니다. 그런 진실은 진실한Wahres 무엇인가를 가리킵니다. 명제로 표현된 지식이 그런 종류의 진실한[참된] 것일 수 있습니다. 그런데 우리가 진실하다고 말하는 것에는 명제만 있는 게 아니고 물건도 있습니다. 가짜 금이 아닌 것을 진실한[진짜] 금이라고 말하지요. 이때 진실한 금이란 말은 그것이 진정하며 실다운 금이란 말과 같은 뜻입니다. 이때 실다운 것이란 말은 무엇을 의미할까요? 우리에게 그렇게 실다운 것으로 여겨지는 것은 진실로 존재하는 것입니다. 진실하게 있는 것은 실다운 것에 상응하는 것이고, 실답게 있는 것은 진실로 있는 것입니다. 또다시 원이 그려졌습니다.

37 "진실로"란 말은 무엇을 뜻할까요? 진실은 진실한 것의 본재Wesen[본질]입니다. 본재라고 말할 때 우리는 무엇을 생각하나요? 보통 진실한 것의 본재는 모든 진실한 것에서 일치하는 것, 즉 공통된 것으로 여겨집니다. 다수의 것에 똑같이 적용되는 하나의 것을 나타내는 것은 유개념과 보편 개념입니다. 그런 개념으로 본재는 나타납니다. 그런데 이렇게 똑같이-적용되는 본재(에센티아essentia라는 의미의 본질성本質性Wesenheit)는 그저 비非본재적인unwesentliche[부수적인] 본재에 불과합니다. 어떤 무엇인가의 본재적인wesentliche[핵심적인] 본재는 무엇일까요? 아마도 그것은 그 존재자가 진실로 무엇으로서 존재한다고 할 때 그 무엇에 기초할 것입니다. 어떤 것의 진실한 본재가 규정되는 바탕은 그것의 진실한 존재, 즉 존재자 각각의 진실입니다. 그러나 지금 우리가 찾으려 애쓰는 것은 본재의 진실이 아니라 진실의 본재입니다. 기이한 꼬임이 보입니다. 이는 그저 기이한 현상에 불과한 것일까요? 또는 심지어 무의미하고 지나치게 꼬치꼬치 캐묻는 개념적 장난에 불과한 것일까요? 그렇지

않으면 — 어떤 빠져나올 수 없는 구렁텅이[알 수 없는 근거] 같은 것일까요?

진실은 진실한 것의 본재를 가리킵니다. 우리는 그 본재에 대해 생각할 때 그리스인들이 사용한 낱말 알레테이아를 떠올립니다. 이 낱말은 존재자의 막힘없음을 뜻합니다. 그런데 이로써 진실의 본재가 규정된 것일까요? 우리는 단순히 다른 낱말을 — 진실이 아니라 막힘없음이라는 낱말을 — 사용하면서 진실이라는 사태를 특징짓는다고 착각하는 것은 아닐까요? 물론 우리가 다른 낱말을 사용한 것은 그 사태의 이름을 바꾼 것에 그칠 수 있습니다. 그렇게 그치지 않으려면 우리는 벌어질 수밖에 없었던 것을 경험해야 하고, 진실의 본재를 막힘없음이라는 낱말로 말할 수밖에 없게 되어야 할 것입니다.

이를 위해 그리스철학을 부흥시킬 필요가 있을까요? 절대 그렇지 않습니다. 그 부흥은 불가능하며 설령 가능하다고 할지라도 우리에게 아무 도움도 되지 않을 것입니다. 그 이유는 다음과 같습니다. 알레테이아라는 낱말에서 빛을 내기 시작한 진실의 본재에 그리스철학은 그 시작부터 부적합했기 때문입니다. 또 진실의 본재에 대해 알고 말하는 능력을 점점 더 진실의 파생적 본재를 해명하는 데 쏟을 수밖에 없었기 때문입니다. 이것이 그리스철학의 감추어진 역사입니다. 알레테이아로서의 진실의 본재는 그리스인들이 행한 생각의 작업에서 생각되지 않은 채 남아 있었고, 특히 그 작업을 뒤따른 철학에서는 더욱더

38 생각되지 않은 채 남아 있습니다. 생각의 작업이라는 관점에서 본다면 막힘없음은 그리스인들의 삶에서 가장 감추어진[막힌] 것이지만 동시에 [그 삶 속에서] 현재하는 것의 모든 현재를 처음부터 규정하는 것이기도 합니다.

그런데 왜 우리는 이미 수 세기 전부터 우리에게 친밀한 진실의 본재에 만족하지 못할까요? 진실은 오래전부터 사태와 일치하는 지식을 의미해왔고, 오늘날에도 그렇습니다. 그렇지만 인식 행위 그리고 지식을 형성하고 서술하는 명제가 그 사태[인식의 대상]에 맞으려면 사태 스스로가 자신을 그 자체로 내보여야 합니다. 그러기 전에는 사태 자체가 명제와 연결될 수 없습니다. 사태 자체가 막힘[막혀] 있는 곳으로부터 나설 수 없으면, 즉 사태 자체가 막힘없는 곳에 서 있지 않으면 도대체 어떻게 스스로를 내보인단 말입니까? 명제가 막힘없는 것, 다시 말해 진실한 것에 들어맞을richtet 때 그 명제는 진실한[참된] 것입니다. 명제의 진실은 언제나 오직 이런 들어맞음Richtigkeit일 뿐입니다. 데카르트가 찾아낸 확실성으로서의 진실을 뒤따르는 여러 비판철학적 진실 개념은 진실을 들어맞음으로 규정한 것의 변종에 불과합니다. 이렇게 우리에게 친숙한 진실의 본재, 즉 표상 행위의 들어맞음은 존재자의 막힘없음으로서의 진실에 전적으로 의존합니다.

우리가 이 강연 자리와 다른 모든 자리에서 진실을 막힘없음으로 파악하는 것은 그저 그리스 낱말을 더욱더 문지 그대로 충실하게 번역하는 일로 피하려는 게 아닙니다. 우리는 들어맞음을 의미하는 진실의 본재의 근거, 즉 경험하거나 생각해본 적 없는 그 근거에 대해 숙고합니다. 들어맞음은 우리에게 친숙한 것이고, 그래서 닳아빠진 것입니다. 우리는 어떤 서술문이 들어맞음(진실함[참임])을 증명하고 이해하기 위해서 당연히 이미 [그 서술문이 들어맞는] 개방된 무엇인가로 되돌아가야 할 것입니다. 이런 전제 조건을 사람들은 때때로 부득이하게 시인합니다. 실제로 그 조건은 불가피할 것입니다. 그렇게 전제하며 말하고 생각하는 동안 언제나 우리는 진실을 들어맞음에 불과한 것으로 이해하고 있습니다. 물론 이런 들어맞음을 위해 어쨌든 우리 자신은 추가 조건[막힘없음]을 전제해야Voraussetzung[앞서 놓아야] 합니다 ― 어떻게 그리고 어째서 그렇게 전제하는지는 하늘만이 알지 저는 모르겠습니다.

 그런데 우리가 존재자의 막힘없음을 전제하는 것은 아닙니다. 오히려 존재자의 막힘없음(존재[1])이 우리를 옮겨놓습니다versetzt. 그래서 [존재자를] 표상할 때마다 우리는 막힘없음 속에 그리고 그 뒤에 따라 놓인nachgesetzt 채 본재하게 됩니다. 지식이 들어맞는 그것[사태]이 먼저 어떻게든 막힘없이 있어야 합니다. 그뿐만이 아닙니다. 또한 이렇게 "무엇인가에 들어맞는" 일이 일어나는 영역 전체도 막힘없이 있어야 합니다. 그리고 이

39

---

1 1960년 레클람 판본: 다시 말해 사건.

와 마찬가지로 명제와 사태의 맞음이 개방되는 것을 보는 일도 막힘없는 곳에서 모두 함께 일어나고 있어야 합니다. 존재자의 막힘없음이 이미 우리를 트인 곳에 내놓았습니다ausgesetzt.[1] 그 트인 곳 속에 모든 존재자는 들어서며 우리에 대해 있고 또 그 곳으로부터 물러섭니다. 그렇게 내놓이지 않았다면 우리는 들어맞는 표상을 모두 가지고도 아무것도 못할 것입니다. 즉 우리가 들어맞는 무엇인가가 이미 개방되어 있다는 전제조차도 할 수 없을 것입니다.

그런데 어떻게 이런 내놓음이 발생할까요? 어떻게 진실은 이런 막힘없음으로서 벌어질까요? 하지만 이렇게 묻기 전에 막힘없음 자체가 무엇인지 훨씬 더 명료하게 말해야 합니다.

사물들은 있습니다. 사람들도 있습니다. 선물과 제물이 있습니다. 동물과 식물이 있습니다. 도구와 작품이 있습니다. 존재자는 존재 속에 서 있습니다. 가려진 채 존재를 관통하는 비운Verhängnis[가림막]은 신성한 것과 그에 맞서는 것 사이에 드리워져verhängt 있습니다. 사람은 존재자의 많은 부분을 마음대로 할 수 없습니다. 적은 부분밖에 알지 못합니다. 익숙한 것은 부정확한 것으로 있고, 숙달한 것은 불확실한 것으로 있습니다. 결코 존재자는 우리가 서툴게 만들어낸 것이 아니고 더군다나 우리의 표상에 불과한 것도 아닙니다. 하지만 너무나도 쉽게 그

---

[1] 1960년 레클람 판본: 틈, 다시 말해 고유하게 하는-사건이 벌어졌다.

렇게 보일 수 있습니다. 이 모든 내용을 통일해서 곰곰이 생각해보도록 합시다. 그러면 우리는 비록 엉성하게나마 존재하는 모든 것을 파악하는 것처럼 보입니다.

그럼에도 불구하고. 존재자를 넘어서지만 그것에서 떠나지 않고 오히려 그것 이전에 어떤 다른 것[1]이 벌어집니다. 존재자 전체의 중심에 어떤 열린 자리가 본재합니다. 어떤 틈이 존재합니다. 존재자의 관점에서 생각해볼 때 그 틈의 존재 품격은 존재자의 존재 품격보다 더 높습니다. 따라서 이 열린 중심은 존재자에 의해 둘러싸여 있지 않습니다. 오히려 이 트는 중심 자체가 모든 존재자의 주위를 감돕니다. 그 중심은 우리가 거의 알지 못하는 무無와 같습니다.

이 틈의 트인 곳에 들어섰다가 나설 때만 존재자는 존재자로서 있을 수 있습니다. 오직 이 틈만이 사람인 우리에게 우리 자신이 아닌 존재자에 대한 통로와 우리 자신인 존재자에 대한 접근로를 선물해주고 보장해줍니다. 이런 틈 덕분에 존재자는 어느 정도 막힘없이 있고, 그 정도는 변화합니다. 하지만 존재자가 막혀 있는 것도 오직 트인 곳의 놀이 공간에서만 가능합니다. 우리와 마주치거나 서로 마주치는 모든 종류의 존재자는 이처럼 이상한 [막힘없음과 막힘 있음의] 경쟁적 관계를 간직합니다. 언제나 동시에 그 존재자는 막힘 있는 Verborgenheit 곳에 물

---

1 1957년 3판: 사건.

러서 있습니다. 존재자가 들어서는 틈은 그 자체로 동시에 감추는 막Verbergung입니다. 그런데 막은 존재자의 중심에서 두 겹의 방식으로 힘을 발휘합니다.

우리가 존재자에 대해 그것이 존재한다는 말밖에 할 수 없을 때, 우리가 제일 먼저 만나는 그 하나의 것[존재]은 겉보기에 가장 사소한 것처럼 보입니다. 이때 존재자는 이것 이외의 다른 모든 것을 우리에게 보여주기를 거부합니다. 거부하는 막은 원래 [우리가] 인식할 때마다 그 경계[한계점]인 것이 아니고, 그런 경계에 불과한 것도 아닙니다. 오히려 그 막은 트인 곳을 트는 시작입니다. 그런데 막은 동시에 트인 곳의 내부에도 있습니다. 물론 그 막은 거부하는 막과는 종류가 다릅니다. 한 존재자가 다른 존재자 앞에 들어섭니다. 한 존재자가 다른 존재자를 덮어서 가립니다. 한 존재자가 [그늘을 드리워] 다른 존재자를 어둡게 합니다. 소수가 다수를 가로막습니다. 개별적으로 흩어진 것이 모든 것을 부정해버립니다. 이런 막은 저 간단한 거부가 아닙니다. 오히려 이렇게 막혀 있어도 존재자는 나타납니다. 하지만 그 존재자는 자신과 다르게 보입니다.

이런 막은 방해하는 것입니다. 만일 한 존재자가 다른 존재자를 방해하지 않는다면 우리는 존재자에서 무엇인가를 잘못 보거나 잘못 행할 수 없을 것이고, 또 잘못 가거나 잘못 넘어설 수 없을 것입니다. 특히 우리가 스스로를 잘못 가늠하는 일도 절대 있을 수 없을 것입니다. 존재자가 가상처럼 속일 수 있어서 우리가 속을 수 있는 겁니다. 우리가 속을 수 있어서 존재자가 속일 수 있는 게 아닙니다.

막은 거부일 수 있고 또는 그저 방해에 불과할 수도 있습니다. 우리는 결코 그것이 거부인지 혹은 방해인지를 완전히 확신하지 못합니다. 막은 자기 자신을 막으며 방해합니다. 이 말은 다음을 뜻합니다. 존재자의 중심에서 열린 자리인 틈은 언제나 커튼이 올라가 있어서 존재자의 연극이 상연되는 상설 무대가 절대 아닙니다. 도리어 틈은 두 겹의 막으로만 벌어집니다. 존재자의 막힘없음이란 그저 앞에 놓여 있을 뿐인 상태가 결코 아니고 오히려 벌어짐[1]입니다. 막힘없음(진실)은 존재자와 같은 사태의 속성도 아니고 명제의 속성도 아닙니다.

41

가장 가까운 주위의 존재자에서 우리는 고향에 있는 듯 아늑함을 느낀다고 믿습니다. 존재자는 친밀하고 신뢰할 만하고 평범한 것입니다. 그런데도 끊임없는 막은 거부와 방해라는 두 겹의 형태를 띠고 틈에 두루 스며들어 있습니다. 평범한 것의 근거는 평범하지 않습니다. 그것은 비非-범한[무서운] 것입니다. 진실, 다시 말해 막힘없음의 본재에는 거절이 두루 힘을 발휘합니다. 하지만 이런 거절은 결점이나 오류가 아닙니다. 만약 그렇다면 진실은 모든 막힘을 뚫은 순수한 막힘없음일 것입니다. 만일 이런 진실이 있을 수 있다면 그것은 더 이상 자기 자신

---

1 1950년 1판: 사건.

이 아닐 것입니다. 막힘없음으로서의 진실의 본재에는 이렇게 두 겹의 방식으로 막는 거절이 속합니다. 진실은 그 본재에서 비非-진실[진실하지-않음]입니다. 이렇게 말함으로써 틈으로서의 막힘없음에 막는 방식의 거절이 속한다는 것을 어쩌면 생소하게 들릴 만큼 명료하게 보여줄 수 있게 됩니다. 그렇다고 해서 진실의 본재가 진실하지-않음이라는 명제를 통해 진실은 근본적으로 거짓이라고 말하려는 것은 아닙니다. 또 그 명제는 진실이 절대 자기 자신이 아님을 의미하지도 않고, 진실이 언제나 자기 자신의 정반대이기도 하다는 변증법적 관념을 의미하는 것도 아닙니다.

진실이 그 자체로 본재하려면 막는 거절이 거부의 방식으로 비로소 모든 틈이 끊임없이 새어 나오도록 해야 하고, 방해의 방식으로는 모든 틈에 약해지지 않는 모진 오류를 부여해야 합니다. 진실이 본재할 때 막는 거절과 함께 언급되었어야 하는 또 다른 대립은 틈과 막 사이에 있는 것입니다. 그것은 근원적인 ursprünglichen [샘솟는] 투쟁 Streit의 상호 대립입니다. 진실의 본재 그 자체는 근원 투쟁 Urstreit[1]입니다. 이렇게 투쟁하는 동안 앞서 언급했던 저 열린 중심이 쟁취됩니다. 존재자는 그 중심으로 들어서고, 그곳으로부터 스스로를 자기 자신 속에 되세웁니다.

---

1 1960년 레클람 판본: 사건.

이 열린 곳은 존재자의 중심에서 벌어집니다. 그곳이 내보이는 본재적 흐름을 우리는 이미 언급했습니다. 열린 곳에는 하나의 세계와 하나뿐인 대지가 속합니다. 그런데 그 세계는 그저 틈에 상응하는 열린 것이 아니고, 그 대지는 막에 상응하는 숨겨진[닫힌] 것이 아닙니다. 오히려 세계는 본재적인 지침들을 주는 궤도들의 틈[트인 곳]입니다. 모든 결정 행위는 그 지침들을 따릅니다. 그런데 각각의 결정은 [결정자가] 마음대로 할 수 없는 것에 근거를 둡니다. 그것은 막힌[감추어진] 채로 있으며 혼란스럽게 만드는 근거입니다. 그런 근거가 없는 결정은 결코 결정이 아닐 것입니다. 대지는 그저 숨겨진 것이 아니라 오히려 숨는[자신을 숨기는] 것으로서 자라나는 것입니다. 세계와 대지는 각각 그 자체로 자신의 본재에 따라 투쟁하고 있으며 투쟁할 수 있는 것입니다. 오직 그런 방식으로만 세계와 대지는 틈과 막 사이의 투쟁 속에 들어섭니다.

 대지가 세계를 통해 솟아나고 세계가 대지 위에 근거할 수 있으려면 진실이 틈과 막 사이의 근원 투쟁으로 벌어지고 있어야만 합니다. 그런데 진실은 어떤 방식으로 벌어질까요? 진실이 벌어지며 본재하는 방식들은 많지 않다고 우리는 답합니다.[1] 이렇게 진실이 벌어지는 방식들 가운데 하나가 작품의 작

---

[1] 1960년 레클람 판본: 답하지 못한다. 왜냐하면 그 방식들로 벌어지는 것이 무엇인가라는 물음이 남아 있기 때문이다.

품 존재입니다. 작품은 세계를 일으켜 세우고 대지를 데려와 세 웁니다. 그러면서 작품은 존재자 전체의 막힘없음이, 즉 진실이 쟁취되는 투쟁을 투쟁답게 맞붙입니다.

　신전이 거기에 서 있을 때 진실이 벌어집니다. 이 말은 신전 에서 무엇인가가 들어맞게 나타난다거나 재현된다는 뜻이 아 닙니다. 오히려 이 말의 뜻은 존재자 전체가 막힘없음 속으로 옮겨지고 그 속에서 보전된다는 것입니다. 보전함halten의 의미 는 보호함hüten에서 샘솟았습니다. 반 고흐의 회화 속에서 진실 이 벌어집니다. 이 말은 앞에 놓여 있는 무엇인가가 회화 속에 서 들어맞게 따라 그려졌단 뜻이 아닙니다. 오히려 이 말이 뜻 하는 바는 신발 도구의 도구 존재가 개방될 때 존재자 전체가, 즉 서로 대항하는[맞서 놀이하는] 세계와 대지가 막힘없음 속에 다다르게 된다는 것입니다.

　작품 속에서는 진실이 작동합니다. 그러니까 어떤 진실한 것 만 작동하는 게 아닙니다. 만약 농민의 신발을 보여주는 그림과 로마식 분수에 대해 말하는 시에서 그 같은 개별적 존재자가 그 자체로 무엇인지를 정말로 표현한다면 그때 그림과 시는 그 렇게 표현하는 것에 그치지 않을 것입니다. 오히려 그것들은 막 힘없음이 그 자체로 존재자 전체와 맺는 관계 속에서 벌어지게 할 것입니다.[1] 오직 신발 도구만이 점점 더 소박하면서도 본재

---

1 1960년 레클람 판본: 사건.

적으로 본재하고, 오직 분수만이 점점 더 꾸밈없이 순수하게 본재합니다. 그럴수록 신발 및 분수와 더불어 모든 존재자는 존재 품격이 더 높아져 더욱더 직접적이면서도 매혹적이게 됩니다. 숨는 존재는 이 같은 방식으로 트여gelichtet[밝혀져] 있습니다. 이런 종류의 빛Licht은 자신의 빛남을 작품 속에 엮어 넣습니다. 작품 속에 엮인 채 빛남Scheinen은 아름다운Schöne 것입니다. 아름다움Schönheit은 진실이 막힘없음으로 본재하는 하나의 방식입니다.

지금까지 진실의 본재가 몇몇 관점에서 더 명료하게 파악되었습니다. 그 결과 작품 속에서 작동하는 것이 더 선명해지기는 했습니다. 그러나 지금 볼 수 있는 작품의 작품 존재는 작품에서 가장 가깝고 눈에 띄는 실다움에 관해, 즉 작품의 사물다운 측면에 관해 여전히 우리에게 아무것도 말해주지 않습니다. 우리의 의도는 작품이 자신 속에 서 있는 것 자체를 가능한 한 순수하게 파악하는 것입니다. 오로지 이런 의도에만 사로잡힌 나머지 우리는 그 서 있음의 너머에 있는 한 가지 중대한 사실을 거의 완전히 간과한 것처럼 보이기까지 합니다. 그 사실은 작품이 항상 작품이라는 것입니다. 이는 작품이 어떤 작용을 받아 만들어진 것임을 뜻합니다. 무엇인가가 작품을 작품으로서 돋보이게 한다면 그 무엇인가는 작품의 창작된 존재[작품이 창작되어 존재하는 것]와 관련이 있을 것입니다. 작품은 창작되고 창작 행위는 어떤 매체를 필요로 합니다. 그 매체로부터 그리고 그 매체 속에서 창작이 일어납니다. 그렇다면 앞서 언급한 사물다운 측면도 작품 속으로 들어올 것입니다. 이는 반박할 수 없는 사실입니다. 그러나 다음과 같은 물음이 여전히 남아 있습니다.

44 창작된 존재는 어떻게 작품에 속할까요? 이 물음은 다음의 두 가지 물음이 선명해질 때만 설명될 수 있을 것입니다.

1. 여기서 제작 행위와 제작된 존재와 구별되는 창작된 존재와 창작 행위는 무엇을 뜻할까요?

2. 작품 자체의 가장 깊은 본재를 바탕으로 해서만 창작된 존재가 도대체 왜[얼마나 깊이] 작품에 속하고, 얼마나 넓게 작품의 작품 존재를 규정하는지가 비로소 측정될 수 있습니다. 이런 본재는 어떤 것일까요?

여기서 말하는 창작은 언제나 작품과 관련하여 생각됩니다. 작품의 본재에는 진실의 벌어짐이 속합니다. 우선 우리는 존재자의 막힘없음이라는 진실의 본재에 대해 창작이 맺는 관계를 바탕으로 창작의 본재를 규정합니다. 창작된 존재가 작품에 속한다는 것은 진실의 본재의 더 깊은 샘을 설명하는 것을 바탕으로만 밝혀질 수 있습니다. 진실과 그 본재 모두에 대한 물음이 되돌아옵니다.

작품 속에서 진실이 작동한다는 명제가 근거 없는 주장으로 남지 않으려면 우리는 이 물음을 한 번 더 물어야만 합니다.

이제 비로소 우리가 더 본재적으로 물어야만 하는 물음은 다음과 같습니다. 도대체 왜 진실의 본재에는 작품과 같은 것을 향하는 흐름이 들어 있을까요? 진실은 어떤 본재를 기지기에

[진실은 어떻게 본재하기에] 작품 속에 작동하게 놓일 수 있고, 또는 심지어 어떤 특정 조건하에서는 진실이 진실로서 존재하기 위해 작품 속에 작동하게 놓일 수밖에 없는 것일까요? 그런데 우리는 진실의 작품-속에-작동하게-놓음[놓임]을 예술의 본재로 규정했습니다. 따라서 마지막으로 제기할 물음은 다음과 같습니다.

진실은 어떤 것이기에 예술로서 벌어질 수 있고, 또는 심지어 벌어질 수밖에 없는 것일까요? 도대체 왜 예술은 주어져 존재할까요[도대체 왜 그것은 예술을 주어서 존재하도록 할까요]?

진실과 예술

예술 작품과 예술 작가 모두의 샘은 예술입니다. 샘에서는 본재가 새어 나옵니다. 그곳에서 존재자의 존재가 본재합니다. 예술은 무엇일까요? 우리는 예술의 본재를 실다운 작품 속에서 찾으려 애쓰고 있습니다. 작품의 실다움은 작품 속에서 작동하는 것을, 즉 진실의 벌어짐을 바탕으로 규정되었습니다. 그 벌어짐을 우리는 세계와 대지 사이의 투쟁을 투쟁답게 맞붙임으로 생각합니다. 이런 맞붙임의 모아진 운동 상태 속에서 쉼이 본재합니다. 그 쉼에 근거하여 작품은 자신 속에서 쉬고 있습니다.

작품 속에서는 진실의 벌어짐이 작동합니다. 그런데 그렇게 작동하는 것은 어쨌든 작품 속에 있습니다. 따라서 이때 우리는 실다운 작품이 진실의 벌어짐을 지니고 있다고 이미 전제하고 있습니다. 그러자마자 다시 우리는 앞에 놓여 있는 작품의 사물다운 측면에 관한 물음과 마주 섭니다. 그리하여 미침내 다음과 같은 사실 한 가지가 선명해집니다. 그 사실은 우리가 아무리 열심히 작품의 자신 속에 서 있음에 대해 캐묻는다고 해도 작품의 실다움을 놓치고 만다는 것입니다. 그러지 않으려면 우리는 부득이하게 작품을 어떤 작용을 받은 것으로서 간주해야 할 것입니다. 작품을 그렇게 간주하려는 것은 가장 쉽게 떠오르는 생각입니다. 왜냐하면 작품Werk이라는 낱말에서 우리는 작용을 받아 만들어진Gewirkte 것이라는 소리를 듣기 때문입니다. 작품의 작품다운 측면은 작품이 예술 작가에 의해 창작되었다는 점입니다. 이처럼 작품에 대해 가장 쉽게 떠오르고 모든 것을 선명하게 해주는 규정이 이제야 언급되는 것은 놀라워 보일 수 있습니다.

그런데 작품의 창작된 존재가 오직 창작 과정을 바탕으로만 이해될 수 있음은 명백합니다. 그러므로 이렇게 사태의 강요를 받은 우리는 예술 작품의 샘에 이르기 위해 부득이하게 예술 작가의 행위에 대해서 논의할 수밖에 없습니다. 작품의 작품 존재[1]를 순수하게 작품 자체로부터 규정하려던 계획은 실현할 수 없는 것으로 입증됩니다.

이제 우리는 작품에서 창작 작업의 본재로 방향을 돌려 나아갑니다. 그런데도 우리는 이 강연에서 먼저 농민 신발의 그림과

---

[1] 1960년 레클람 판본: '작품 존재'는 무엇을 뜻하는가? 그 의미는 다의적이다.

나중에 그리스 신전에 대해[의해] 말해진 것을 잊지 않으려 합니다.

46 우리는 창작 작업을 산출 작업으로 생각합니다. 그런데 도구를 제작하는 것도 산출 작업의 일종입니다. 기이한 말장난 같지만, 물론 수작업[수공업]Handwerk은 어떤 작품Werk도 창작해내지 못합니다. 우리가 수공업 생산물을 공장 제품과 대비시킬 필요가 있다고 하더라도 그 생산물이 작품이 되는 것은 아닙니다. 그런데 창작하는 산출은 제작하는 산출과 어떤 점에서 구별될까요? 작품의 창작과 도구의 제작을 낱말의 소리에 따라 구별하는 일은 매우 쉽습니다. 그게 쉬운 만큼이나 두 종류의 산출 방식 각각에 고유한 본재적 흐름을 주의 깊게 관찰하는 일은 어렵습니다. 언뜻 겉모습만 보고 판단하면 도공陶工과 조각가의 행위, 가구공과 화가의 행위에서 우리는 같은 태도를 발견합니다. 작품의 창작 작업은 그 바탕에 수작업 행위를 요구합니다. 위대한 예술 작가들은 누구나 수작업 능력을 최고로 칩니다. 맨 먼저 그들은 그 능력부터 숙달하고 공들여 관리하라고 합니다. 그들은 다른 누구보다도 수작업의 숙련도를 늘 새롭게 높이기 위해 노력합니다. 사람들이 이미 충분히 자주 언급해온 사실이 있습니다. 그 사실은 예술의 작품[작동]에 대해 어느 정도 이해했던 그리스인들이 수공업과 예술을 가리키기 위해 테크네τέχνη[techne, 기예技藝]라고 하는 같은 낱말을 사용했고, 수공업자와 예술 작가를 테크니테스τεχνίτης[technites, 기예인技藝人]

라고 하는 같은 이름으로 불렸다는 것입니다.

그 때문에 창작 작업의 본재를 그 수작업의 측면에서부터 규정하는 게 바람직해 보입니다. 그러나 그리스인들이 스스로 경험한 그 사태를 이름하기 위해 사용한 언어를 참조하면 우리는 깊은 생각에 빠질 수밖에 없습니다. 물론 그리스인들이 수공업과 예술을 테크네라고 하는 같은 낱말로 이름하곤 했음을 언급하는 것은 매우 익숙한 해명일 수 있습니다. 아무리 그래도 그 해명은 피상적이며 빗나간 것으로 남아 있습니다. 왜냐하면 테크네가 뜻하는 것은 수공업도 예술도 아니며, 특히 오늘날의 기술Technische과 같은 것은 전혀 아니기 때문입니다. 테크네는 결코 어떤 종류의 실천적 활동도 가리킨 적이 없습니다.

오히려 테크네라는 낱말은 앎의 한 방식을 가리킵니다. 앎은 보았음을 뜻합니다. 이때 봄은 그 가장 넓은 의미로 이해되고, 현재하는 것을 그 자체로서 감지하는 것을 뜻합니다. 그리스인들의 생각에 따르면 앎의 본재는 알레테이아에, 다시 말해 존재자의 막힘을 없애는 것에 기초합니다. 알레테이아가 [사람이] 존재자와 맺는 모든 관계를 떠받치고 이끕니다. 그리스인들이 앎으로서 경험한 테크네는 존재자의 산출입니다. 이때 산출하기Hervorbringen는 현재하는 것 그 자체를 막힘 있는 곳으로부터 데려와her 특별히 그것의 모양이 막힘없는 곳으로 앞으로vor 옮기기bringen입니다. 즉 테크네는 결코 [존재자를] 만드는 행위를 의미한 적이 없습니다.

47

예술 작가가 테크니테스인 이유는 예술 작가도 수공업자이기 때문이 아닙니다. 오히려 그 이유는 작품을 데려와-세우는 것도 도구를 데려와-세우는[제작하는] 것과 마찬가지로 데려와-앞으로-옮길 때 벌어지기 때문입니다. 이렇게 옮기는 것은 작품과 도구를 데려와-세우는 것에 앞서 존재자를 그것의 모양으로부터 데려와 그 존재자의 현재함 속으로 앞으로-오도록 하는 것입니다. 그렇지만 이 모든 것은 저절로 생겨나며 자라나는 존재자인 퓌시스의 중심에서 벌어집니다. 예술을 테크네라고 이름한 것은 예술 작가의 행위가 수공업의 관점에서 경험된다는 것을 절대로 뒷받침해줄 수 없습니다. 작품을 창작할 때 수공업으로 제작하는 것처럼 보이는 것은 그 종류가 다릅니다. 예술 작가의 행위는 창작의 본재로부터 규정되면서 두루 정해지고, 또한 그 본재 속에 간직된 채 남아 있습니다.

수작업이 아니라면 도대체 어떤 실마리를 잡고 우리는 창작의 본재에 대해 생각할 수 있단 말입니까? 창작되어야 할 작품이라는 관점 외에 다른 실마리가 있을까요? 물론 작품은 창작이 완수되어야 비로소 실답게 되고, 그래서 작품의 실다움은 창작에 의존합니다. 그래도 창작의 본재는 작품의 본재에 의해 규정됩니다. 당연히 작품의 창작된 존재는 창작과 관련이 있습니다. 그럼에도 불구하고 창작된 존재 역시 창작과 마찬가지로 작품의 작품 존재를 바탕으로 규정되어야 합니다. 우리가 이 강연의 처음부터 오랫동안 작품만을 다루다가 마지막에야 비로소 창작된 존재에 주목하게 된 이유도 이제 더 이상 놀랍지 않습니다. 작품이라는 낱말에서도 울려 나오는 것처럼 그만큼 본재적으로 작품에 속하는 것은 창작된 존재입니다. 그렇다면 우리는 이제까지 작품의 작품 존재로 규정될 수 있었던 것을 한층 더 본재적으로 이해하려 해야 할 것입니다.

이제까지 작품의 본재를 규정해온 것에 따르면 작품 속에서는 진실의 벌어짐이 작동합니다. 이런 규정에 대한 관점을 바탕으로 우리는 창작하기를 산출된 것 속으로 분출시키기로 특징지을 수 있습니다. 작품이 작품으로 생성되는[작품이 작품답게 되는] 것은 진실의 생성됨과 벌어짐의 한 방식입니다. 이 같은 본재 속에 모든 것이 들어 있습니다. 그런데 진실은 무엇이기에 창작된 것과 같은 것 속에서 벌어질 수밖에 없을까요? 도대체 왜 진실은 그 본재의 근거로부터 작품을 향하는 흐름을 가질까요? 이런 흐름은 지금까지 설명된 진실의 본재를 바탕으로 이해될 수 있을까요?

진실이 비非-진실이려면, 아직 막힘이 없어지지-않아(비非)막힘 있는 것이 새어 나오는 영역이 진실에 포함되어 있어야 합니다. 동시에 진실로서의 비非-막힘[막힘-없음] 속에는 두 겹으로 훼방하는 또 다른 "비非"도 본재합니다. 틈과 두 겹으로 된 막이 서로 대립할 때 진실은 그 자체로서 본재합니다. 진실은 근원 투쟁입니다. 그 투쟁 중에 그때마다 하나의 방식으로 열린 곳이 쟁취됩니다. 존재자로 드러나면서 물러나는 모든 것

48

은 그곳에 들어서고 또 그곳에서 물러섭니다. 이런 투쟁이 언제 그리고 어떻게 터지고 벌어지든지 간에 투쟁은 투쟁하는 것들, 즉 틈과 막이 서로로부터 구별되게 합니다. 그리하여 열린 투쟁의 공간이 쟁취됩니다. 이렇게 열린 곳의 열림은 진실입니다. 진실이 그 자체로, 즉 이런 열림으로 있을 수 있으려면 진실은 자신에 의해 열린 곳에 스스로를 채우고 있어야만 합니다. 또 그렇게 채우고 있는 동안에만 진실은 그 자체로 있을 수 있습니다. 그러므로 이런 열린 곳에는 언제나 어떤 존재자[작품]가 있어야 합니다. 그 존재자 속에서 열림은 자신의 설 자리Stand를 얻고 계속 서 있게Ständigkeit 됩니다. 열린 곳을 차지하는 열림은 그곳을 열린 채로 유지하면서 견딥니다. 이 강연의 곳곳에서 언급한 놓음Setzen과 차지함Besetzen은 막힘없는 곳에서 일으켜 세움을 뜻하는 그리스어 테시스θέσις[놓음]의 의미로 생각됩니다.

열림이 스스로를 열린 곳에¹ 채움을 언급함으로써 우리의 생각의 작업은 이 강연에서 아직 설명될 수 없는 구역을 건드립니다. 한 가지만 주석처럼 짤막하게 언급해보겠습니다. 존재자의 막힘없음이라는 본재가 어떤 방식으로든 존재 자체에 속한다면(『존재와 시간』의 44절을 참조하라) 존재는 그 본재로부터 열

---

1 1960년 레클람 판본: 이와 관련해서 '존재론적 차이', 『동일성과 차이』, 37쪽 이하를 참조하라.

림의[열린] 놀이 공간(빈터Da의 틈)을 벌어지게 할 것이고, 그 공간을 모든 종류의 존재자가 자신의 방식대로 자라나는 곳으로서 가져올 것입니다.

진실 자체를 통해 투쟁과 놀이 공간이 열리게 됩니다. 진실은 그런 투쟁하는 놀이 공간을 채우는 방식으로만 벌어집니다. 진실은 틈과 막의 대립입니다. 그 때문에 여기서 채움이라고 불린 것이 진실에 속합니다. 그런데 진실은 우선 그 자체로 별들 사이 어딘가의 앞에 놓여 있다가 나중에 다른 어딘가의 존재자 속에 내려와 보관되어 덧붙는 게 아닙니다. 이는 애초부터 불가능합니다. 왜냐하면 존재자의 열림이 비로소 어딘가라는 자리와 현재하는 것이 들어찬 장소가 있을 수 있게 하기 때문입니다. 열림의 틈과 열린 곳의 채움은 서로에게 속합니다. 그것들은 진실의 벌어짐의 다르지 않은 본재입니다. 진실의 벌어짐은 여러 겹의 방식으로 역사적입니다[벌어집니다].

진실은 스스로 존재자를 열어젖히고 그 존재자를 진실 자신으로 채웁니다. 이처럼 본재적인 한 방식은 진실의 스스로를-작품-속에-작동하게-놓음입니다. 진실이 본재하는 다른 방식은 국가를 건립하는 행위입니다. 진실이 빛을 내게 되는 다른 방식은 어떤 존재자가 가까이 오는 게 아니라 그야말로 그 존재자에서 존재 품격이 가장 높은 것이 가까이 오는 방식입니다. 진실이 자신의 근거가 되는 다른 방식은 본재적인 희생입니다. 진실이 생성되는 다른 방식은 생각의 작업을 하는 사람의 물음입니다. 그 사람이 묻는 작업은 존재에 대해 생각하며 존재를 그 물어볼-만한 품위에 어울리는 이름으로 부르는 작업입니다. 이런 물음과 달리 과학에서는 진실이 샘솟으며 벌어지는 게 아니라 오히려 그때그때 이미 열려 있는 진실의 영역이 확장됩니다. 더욱이 이런 확장도 그 영역의 주위에서 들어맞을 수 있거나 들어맞을 수밖에 없는 것에서 제시되는 것을 파악하며 정초하는 방식으로 이루어집니다. 과학이 들어맞는 것을 넘어 진실에 이를 때, 다시 말해 존재자 그 자체를 본재적으로[그 자체의 본재를] 드러낼 때, 또 그렇게 드러내는 한에서 과학은 철학이 될 것입니다.

진실의 본재에는 진실이 스스로를 존재자[작품] 속에 채움으로써 비로소 진실로서 생성되는 게 속합니다. 그 때문에 진실의 본재 속에는 작품을 향하는 흐름[작품에 스며드는 기운]이 들어 있습니다. 작품은 존재자의 중심에서 진실이 스스로 존재하며 있을 수 있는 탁월한 가능성 중 하나입니다.

작품 속에 진실을 채우는 일은 이전에 아직 없었고 이후에 결코 더 이상 생성되지 않을 존재자를 산출하는 일입니다. 산출 작업은 그런 존재자를 열린 곳에 세우고, 그리하여 옮겨질 것[작품]은 자신이 출현할 그 열린 곳의 열림을 비로소 트게 됩니다. 산출 작업이 존재자의 열림을, 즉 진실을 특별히 옮기는 곳에서는 그 작업을 통해 산출된 것이 작품이 됩니다. 이런 산출 작업이 창작입니다. 이렇게 옮기는 것은 막힘없음과의 관계[밖힘없음을 향하는 흐름] 속에서 오히려 받으며 끌어내는 것입니다. 그렇다면 창작된 존재는 무엇일까요? 그 존재를 두 가지 본재적 규정을 통해 명료하게 설명해봅시다.

　진실은 스스로를 작품에 들어맞게 채웁니다. 진실은 틈과 막 사이의 투쟁이고, 그런 투쟁으로서만 세계와 대지 사이의 대립 속에 본재합니다. 진실은 세계와 대지 사이의 이런 투쟁으로서 작품에 들어맞게 채워지기를 욕구합니다. 투쟁은 특별히 산출되어야 할 존재자[작품] 속에서 종식되는 것도 아니고, 단순히 보관되는 것도 아닙니다. 오히려 투쟁은 그 존재자로부터 열어젖혀져야 합니다. 따라서 그 존재자는 투쟁의 본재적 흐름을 간직할 수밖에 없습니다. 투쟁 중에 세계와 대지의 통일이 쟁취됩니다. 스스로를 여는 세계는 역사적 인류 공동체가 승리와 패배, 축복과 저주, 주인과 노예가 무엇인지를 결정하게 합니다. 자라나는 세계는 아직 결정되지 않은 무질서를 출현시키고, 그럼으로써 질서[척도]를 세우는 결정을 내릴 수밖에 없는 감추어진[막힌] 필연성을 열어젖힙니다.

　그런데 세계가 스스로를 여는 동안 대지는 솟아나게 됩니다. 대지는 모든 것을 지니고 있는 것으로서, 또 자신의 법칙 속에 품긴 채 끊임없이 숨는 것으로서 제시됩니다. 세계는 그 속에서 결정과 척도를 요구하고, 존재자를 세계의 열린 궤도들에 다다르게 합니다. 대지는 지니면서–솟아오르면서 숨어 있으려고, 또 모든 것을 자신의 법칙에 믿고 맡기려고 힘씁니다. [세계와 대지 사이의] 투쟁은 단순히 쪼개고 갈라서aufreißen 금이 간 상태Riß가 아닙니다. 오히려 투쟁은 투쟁하는 것들이 서로에게 긴밀히 속하는 상태입니다. 이런 금은 대립하는 것들[세계와 대지]의 통일Einheit이 그 통일의einigen 근거[근본]로부터 새어 나오도록 그것들 사이를 가르면서reißt 모아줍니다. 이런 금은 근본이 되는 금Grundriß[평면도, 수평선]입니다. 이런 금은 존재자에서 자라나는 틈의 근본 흐름을 그려내며 세우는-금Auf-riß[정면도, 수직선]입니다. 이런 금은 대립하는 것들이 서로로부터 구별되어 깨지게 하지 않습니다. 이런 금은 척도와 경계를 가진 대립에 통일의 금Umriß[표면도, 윤곽선]을 긋습니다.

　투쟁으로서의 진실이 스스로를 어떤 산출될 존재자 속에 채울 수 있으려면 그 존재자 속에서 투쟁이 열어젖혀져야만 하고, 다시 말해 그 존재자 자체가 금 속에 옮겨져야만[그 존재자 자체에 금이 그어져야만] 합니다. 이런 금은 정면과 평면에[위와 아래에] 그리고 단면과 표면에[가로지르고 두르면서] 그어지는 모든 금을 통일하는 흐름의 모음입니다. 물론 진실이 스스로를 존재자에 채우려면 그 존재자 자체가 진실의 열린 곳을 차지하고 있어야 합니다. 하지만 이런 차지함이 벌어질 수 있으려면 산출될 금이 열린 곳에서 솟아나며 숨는 것에 믿고 맡겨져야만 합니다. 금은 돌덩이의 끌어당기는 무거움, 나무의 묵묵한 단단함, 색채의 어둡고 은근한 빛깔 속으로 되세워져야 합니다. 대지가 금을 그 속에 되받음으로써[대지에 다시 금이 그어짐으로써]

비로소 금은 열린 곳에 데려와 세워지게 됩니다. 그리하여 숨으며 보호하는 것으로서 열린 곳에 솟아나는 것 속에 금은 세워지게[그어지게] 되고, 다시 말해 놓이게 됩니다.

금 속에 옮겨진[금이 그어진] 투쟁은 대지에 되세워지고 그럼으로써 굳게 세워진festgestellte 것이 됩니다. 이런 투쟁이 형체Gestalt입니다. 작품이 창작되어 존재하는 것은 진실이 형체 속에 굳게 세워져 존재하는 것을 뜻합니다. 형체는 금이 엮인fügt[이어진] 얼개Gefüge[이음 구조]입니다. 이어진 금은 빛나는 진실의 이음매Fuge입니다. 스스로를 일으키며 데려와 세우는 작품은 세움Stellen과 세움-모음Ge-stell[모아-세움]으로서 본재합니다. 여기서 형체가 뜻하는 것은 이런 세움을 바탕으로 끊임없이 생각되어야 합니다.

작품을 창작할 때 투쟁은 금으로서 그어져 대지 속에 되세워질 수밖에 없습니다. 즉 숨는 대지 자체는 데려와 앞으로 세워지며 사용될 수밖에 없습니다. 그런데 이런 사용은 대지를 재료처럼 소모하거나 남용하는 게 아니라 오히려 대지를 비로소 자유롭게 해방해 그 자체로 있게 하는 것입니다. 대지의 이런 사용은 대지와 함께하는 작업입니다. 물론 이런 작업은 수공업에서 재료를 쓰는 것처럼 보이기도 합니다. 그렇기에 작품의 창작도 수작업 행위와 같아 보이는 것입니다. 창작은 결코 그런 행위인 적이 없습니다. 그런데 항상 창작은 형체 속에 진실을 굳게 세우면서 대지를 사용하는 것으로 있습니다. 작품의 창작과

52

달리 도구의 제작은 진실이 벌어지도록 작용하는 것과 직접적으로는 전혀 관련이 없습니다. 도구가 준비되어[제작이 완료되어] 존재하는 것은 재료가 형태를 갖추고 존재하는 것, 다시 말해 사용되기 위해 준비된 채 서 있는 것입니다. 도구가 제작이 완료되어 존재하는 것은 도구가 완전히 그 용도로 쓰이도록 자기 자신의 너머로 내보내진 것을 뜻합니다.

작품이 창작되어 존재하는 것은 이와 다른 것을 뜻합니다. 어떻게 다른지는 이제 언급 가능한 [작품의 창작된 존재의] 두 번째 특징을 바탕으로 해서 명료하게 드러날 것입니다.

도구의 제작이 완료된 존재와 작품의 창작된 존재는 둘 다 산출된 존재를 이룬다는 점에서 일치합니다. 그런데 작품의 창작된 존재는 다른 모든 산출에 비해 독특합니다. 창작된 존재가 창작된 것 속에 넣어져 함께 창작되었기 때문입니다. 그런데 어떤 방식으로든 산출되어 생겨난 것은 모두 다 그렇지 않나요? 모든 산출된 것 각각에 무엇인가가 주어져 있다면 그 산출된 존재가 함께 주어져 있을 것입니다. 확실히 그렇습니다. 그런데 작품의 경우에는 그 창작된 존재가 창작된 것 속에 특별히 넣어져 창작되었습니다. 그래서 그렇게 산출되어 창작된 것으로부터는 그 창작된 존재[그것이 창작되어 있음]가 특별히 솟아나게 됩니다. 사정이 그렇다면 분명 우리는 창작된 존재도 작품에서 특별히 경험할 수 있어야 할 것입니다.

창작된 존재가 작품으로부터 분출한다고 해서 작품이 어떤 위대한 예술 작가에 의해 만들어졌다는 사실이 작품에서 두드러져야 하는 것은 아닙니다. 창작된 것이 유능한 사람의 업적으로 입증되어 그 업적을 낸 사람의 대중적 인지도가 높아져서는 안 됩니다. 엔. 엔. 페키트N. N. fecit[누군가가 만들었습니다]라는 사실이 알려져서는 안 됩니다. 오히려 작품의 경우에는 "파크툼 에스트factum est[만들어진 것이 존재합니다]"라는 간단한 사실이 닫히지 않은 채로 유지되어야 합니다. 그 사실은 존재자의 막힘없음이 여기서[작품 속에서] 벌어졌으며 이렇게 벌어진 것으로서 비로소 벌어진다는 것입니다. 즉 그런 작품이 존재하며 오히려 존재하지 않는 게 아니라는 것입니다. 작품이 그렇게 작품으로서 존재한다는 사실은 처음으로 충격을 주고, 이 은밀한 충격은 멈추지 않습니다. 이런 충격은 작품이 변함없이 자신 속에서 쉬고 있는 상태를 이룹니다. 작품의 예술 작가가 누구인지 그리고 작품의 탄생 과정과 주변 상황이 어떠했는지가 알려지지 않은 곳에서 그 충격, 즉 창작된 존재의 그 "[존재] 사실"이 가장 순수하게 작품으로부터 분출합니다.

  물론 모든 사용 가능한 도구와 사용 중인 도구에도 그것이 제작되어 존재한다는 "사실"이 속합니다. 그런데 이 "사실"은 도구에서는 분출하지 않고, 도구가 그 용도로 쓰일 때 사라져버립니다. 어떤 도구가 손에 점점 더 잘 잡히며 사용됩니다. 그럴수록 예컨대 망치라는 도구가 존재한다는 사실은 더욱더 눈에 띄지 않은 채로 있습니다. 즉 그 도구는 더욱더 오로지 자신의 용도[도구 존재]로만 계속해서 쓰입니다. 대체로 우리는 앞에 놓여 있는 모든 것에서 그것이 존재한다는 사실을 알아볼 수 있습니다. 그런데 우리는 이 사실을 그저 알아두었다가 흔히 그러하듯이 곧바로 잊어버리게 됩니다. 그런데 존재자가 존재한다는 이 사실보다 더 흔한 것이 있을까요? 도구와 달리 작품의 경우에는 작품이 그 자체로 존재한다는 것이 흔하지 않은 사실이 됩니다. 작품의 창작된 존재의 사건은 작품 속에서 나중에 여운처럼 울리는 것에 그치지 않습니다. 오히려 작품은 자신이 작품으로서 존재한다는 사건다운 사실을 자신 앞으로 던지고 있으며, 지속적으로 자신의 주위로 던져왔습니다. 작품은 점점 더 본재적으로 열립니다. 그러면 그럴수록 작품이 존재하며 오히려 존재하지 않는 게 아니라는 유일한 사실이 더욱더 빛을 내게 됩니다. 그 열린 곳에 이런 충격이 점점 더 본재적으로 들어섭니다. 그러면 그럴수록 작품은 더욱더 생소하며 외로운 것이 됩니다. 작품을 산출하는 작업에는 이처럼 "그것이 존재한다는 사실"을 작품 속으로 옮기는 작업이 들어 있습니다.

　작품의 창작된 존재에 대한 물음은 우리를 작품의 작품다운 측면에 그리고 이로써 작품의 실다움에 더 가까이 데려왔어야 합니다. 창작되어 존재하는 것은 투쟁이 금으로 그어지며 형체 속에 굳게 세워져 존재하는 것으로 드러났습니다. 그때 창작된 존재도 특별히 작품 속에 넣어져 창작되고, "[존재] 사실"이 주는 잠잠한 충격으로서 열린 곳에 들어섭니다. 그런데 창작된 존재로도 작품의 실다움이 완전히 밝혀진 것은 아닙니다. 밝혀진 것과는 거리가 멀 것입니다. 작품의 창작된 존재의 본재에 대해 언급한 것은 우리가 지금까지 말한 모든 것이 목표로 하는 단계로 향하는 걸음을 이제야 내디디게 할 것입니다. 54

형체 속에 굳게 세워진 작품은 자신 속에 점점 더 외롭게 서 있고, 또 그 작품은 사람들과의 모든 관계를 점점 더 깔끔하게 끊는 것처럼 보입니다. 그럴수록 더욱더 소박하게 그런 작품이 존재한다는 사실의 충격[기운]은 열린 곳에 들어서고, 또 더욱더 본재적으로 충격을 받아 비범한 것은 위로 올라오며, 지금껏 평범하게 보인 것은 뒤집히고 맙니다. 그런데 이렇게 다중적인 충격은 전혀 힘으로 억누르지 않습니다. 그 이유는 다음과 같습니다. 작품 자체는 스스로 존재자의 열림을 열어젖히고 그 열림 속에 순수하게 밀려 놓여 있는데, 그 순수함이 더하면 더할수록 작품은 더욱더 소박하게 우리를 그 열림 속으로 밀어 넣으면서 동시에 우리를 익숙한 곳에서 바깥으로 밀어 내보내기 때문입니다. 이런 [세 겹의] 밂에 따르는 것은 작품 속에서 벌어지는 진실 속에 머물기 위해 세계와 대지에 대한 낯익은 관계를 크게 변화시키고 향후 모든 친숙한 행위와 평가, 지식과 판단을 자제하는 것을 의미합니다. 이렇게 신중하게 머무르는 것은 창작된 것을 비로소 작품 그 자체로 있도록 놓아둡니다. 이처럼 작품을 작품으로 있도록 놔두는 것을 우리는 작품을 보존하는 것이라고 말합니다. 그렇게 보존하는 사람이 있어야 비로소 작품은 그 창작된 존재 속에서 실다운 것으로서, 지금 논의의 맥락에 맞게 다시 말하면 작품답게 현재하는 것으로서 드러날 수 있습니다.

어떤 작품도 창작되지 않고서는 존재할 수 없습니다. 그토록 본재적으로 작품은 창작자를 사용[요구]합니다. 이와 마찬가지로 그 창작된 것도 보존자가 없이는 존재하게 될 수 없습니다.

그런데 어떤 작품은 보존자를 찾아내지 못할 수도 있습니다. 즉 그 작품 속에서 벌어지는 진실에 응답하는 보존자를 바로 찾아내지 못할 수도 있습니다. 그렇다고 해서 보존자가 없는 작품도 작품으로서 존재할 수 있는 것은 절대 아닙니다. 작품으로서 존재하는 작품이라면 언제나 보존자와 관계를 맺고 있을 것입니다. 작품이 보존자를 우선 그저 기다리기만 하고, 또 보존자가 작품의 진실 속에 들르도록 애쓰고 간절히 바랄 때조차, 또 바로 그럴 때 작품은 항상 보존자와 관계를 맺고 있을 것입니다. 더 나아가 작품은 망각될 수도 있습니다. 그 망각조차 아무것도 아닌 것이 아닙니다. 망각은 여전히 보존입니다. 망각은 작품에 대한 추억을 먹고 삽니다. 작품을 보존하는 것은 작품 속에서 벌어지는 존재자의 열림 속에 들어서는 것을 의미합니다. 그런데 보존하며 들어서는 것은 [작품에 대해] 아는 것입니다. 그렇지만 앎은 단순히 무엇인가에 대한 지식이나 관념을 가지는 게 아닙니다. 존재자를 진실로 아는 사람은 자신이 존재자의 중심에서 욕구하는 것이 무엇인지를 압니다.

방금 말한 욕구[의지]는 앎을 비로소 [어떤 목적에] 이용하서

나 그에 앞서서 무엇이 앎인지 결정하기를 욕구하는 것과 관련이 없습니다. 그 의지는 『존재와 시간』에서 행한 생각의 작업이 근본적으로 경험한 것을 바탕으로 생각된 것입니다. 의지로서 머물러 있는 앎과 앎으로서 머물러 있는 의지는 실존하는 사람이 자신에게서 벗어나 황홀하게 막힘없는 존재 속에 들어가도록[존재에 응하도록] 놔두는 것입니다. 『존재와 시간』에서 생각한 결-단[벗어-남]은 어떤 주체가 결심한 행동이 아니라 현존재[사람]가 존재자 속에 갇혀 있다가 [벗어나] 존재의 열림을 향해 열어젖혀지는 것을 가리킵니다. 그렇지만 실존할 때 사람은 내부에 머무르다가 비로소 외부로 나가는 게 아닙니다. 오히려 실존함의 본재는 존재자를 본재적 차원에서 구별하는 틈에서 나서면서 들어섬입니다. 앞서 언급한 창작이나 방금 언급한 의지는 자기 자신을 목적으로 놓고 노력하는 주체의 업적이나 행동과는 관련이 없습니다.

 의지는 실존하면서 스스로를 넘어서는 [사람의] 맑은 결-단입니다. 이렇게 넘어서는 사람은 작품 속에 작동하도록 놓인 ge-setzten 존재자의 열림에 내놓이게 aussetzt 됩니다. 그럼으로써 열림 속에 들어선 사람은 법칙 Gesetz[놓음 모음] 속에 옮겨집니다. 작품의 보존은 앎입니다. 이렇게 보존하는 사람은 작품 속에서 벌어지는 비범한 진실 속에 맑게 들어서 있습니다.

 이렇게 의지하며 아는 사람은 작품의 진실 속에서 고향에 있는 듯 아늑함을 느끼고, 그럼으로써만 알 수 있습니다. 그 사람은 작품을 그것이 자신 속에 서 있는 상태로부터 끌어내지도 않고, 억지로 단순한 체험의 영역으로 잡아당기지도 않고, 체험을 일으키는 자극제로 깎아내리지도 않습니다. 작품을 보존할 때 사람들은 각자 자신의 체험으로 흩어지지 않습니다. 오히려 그들은 작품 속에서 벌어지는 진실에 소속되는 상태로 밀어 넣어지고 그리하여 서로를 위해 그리고 서로 함께 존재하는 근거를 갖게 됩니다. 이렇게 존재하는 것은 막힘없음과의 관계를 바탕으로 [사람의] 현-존재[빈터-존재]가 역사적으로 버티는 것입니다. 특히 보존하는 방식으로 깨달은 앎은 작품의 형식, 작품성, 매력 자체에 대한 지식, 즉 그저 심미적일 뿐인 전문 지식과는 거리가 멉니다. 앎은 보-았음이고, 결정을 내렸음입니다. 이렇게 아는 것은 작품이 금 속으로 엮어 넣은 투쟁 속에 들어서는 것입니다.

　작품을 올바로 보존하는 방식은 오직 작품 자신에 의해서만 비로소 함께 창작되며 미리 정해집니다. 보존은 앎의 여러 단계에서 벌어지고, 각 단계마다 앎의 도달 범위, 지속성, 명확성은 달라집니다. 작품들이 단순히 예술을 즐기기 위해 제공될 때는 그것들이 보존되고 있음이 아직 입증된 것은 아닙니다.

　비-범한 것 속으로 밀어 넣는 [존재의 사실의] 충격이 친숙한 전문 지식에 의해 방해받자마자 모든 작품을 둘러싼 예술 사업은 이미 시작되었습니다. 그렇게 되면 작품을 공들여 전승하는 것, 즉 작품을 복원하려는 과학적인 시도도 결코 작품 존재 자체에는 더 이상 이르지 못하고, 그 존재를 기억하는 데 그칠 것입니다. 그런데 이런 기억도 작품에 그것이 역사를 함께 형성하는 장소를 제공할 수 있긴 합니다. 하지만 작품의 가장 고유한 실다움은 작품이 진실 속에서 보존되는 곳에서만 [작품을] 떠받칠 수 있게 됩니다. 이때 진실은 작품 자체를 통해 벌어집니다.

작품의 실다움의 근본 흐름은 작품 존재의 본재를 바탕으로 규정되었습니다. 이제 우리는 이 강연을 시작할 때 제기했던 물음을 다시 이어서 물을 수 있습니다. 작품에서 작품의 직접적인 실다움을 보장한다고 하는 사물다운 측면의 사정은 어떻습니까? 그 사정은 다음과 같습니다. 이제 우리는 작품의 사물다운 측면에 대해서 더 이상 묻지 않습니다. 왜냐하면 그렇게 물을 때 우리는 즉각 작품을 앞에 놓여 있는 대상으로 미리 단정적으로 받아들이고 있기 때문입니다. 이런 방식은 결코 작품의 관점에서 사물다운 측면에 대해 묻는 것일 수 없습니다. 오히려 우리의 관점에서 사물다운 측면을 향해 묻고 있는 것입니다. 이때 우리는 작품을 작품으로 있도록-놔두지 않고, 도리어 우리 속에 이런저런 상태가 일어나도록 작용한다고 하는 대상으로 여기고 있습니다.

그렇게 대상으로 간주된 작품에는 친숙한 사물 개념들이 말하는 사물다운 측면처럼 보이는 것이 있습니다. 그렇지만 작품의 관점에서는 그것이 작품의 대지다운 측면으로 경험됩니다. 대지는 작품 속에 솟아납니다. 왜냐하면 작품은 진실이 작동하는 곳으로서 본재하기 때문이고, 또 진실은 스스로를 존재자 속에 채움으로써만 본재하기 때문입니다. 대지는 그 본재에서 숨는 것입니다. 그런데 그 대지에서 열린 곳의 열림은 최고의 저항Widerstand에 부딪치게 되고, 그럼으로써 자신이 지속적으로ständig 존립하는Stand 장소Stätte를 찾아내게 됩니다. 그 장소 속에 [작품의] 형체Gestalt가 굳게 세워질gestellt 수밖에 없습니다.

그렇다면 사물의 사물다운 측면에 대한 물음을 다룬 것은 정말 쓸데없는 일이었을까요? 절대 그렇지 않습니다. 사물다운 측면을 바탕으로 작품다운 측면이 규정될 수는 없어도 작품의 작품다운 측면에 대한 앎을 바탕으로 사물의 사물다운 측면에 대한 물음이 올바른 길에 오를 수 있게 됩니다. 이렇게 물음의 방향을 반대로 돌리는 것은 우리가 다음과 같은 사실을 기억한다면 사소한 일일 수 없습니다. 그 사실은 고대로부터 이어져온 친숙한 사고방식들이 사물의 사물다운 측면을 엄습해왔고 존재자 전체에 대한 하나의 해석을 지배적으로 만들어왔다는 것입니다. 그 해석은 진실의 본재가 샘솟는 것을 보지 못하게 할 뿐만 아니라 또한 도구와 작품의 본재를 파악하는 데에도 여전히 무능한 해석으로 남아 있습니다.

사물의 사물적 본성을 규정하기에는 사물이 속성을 지니고 있는 것이라는 관점이나 다양한 감각을 통해 주어진 것의 통일체라는 관점도 불충분합니다. 심지어 가장 불충분한 것은 사물이 재료-형태-얼개라는 관점인데, 이 얼개는 도구다운 측면에서 끌어낸 것이고 사물의 사물적 본성과 무관하게 생각된 것입니다. 모든 사물의 사물다운 측면에 대한 해석이 척도가 되고 의의를 지니기 위해서는 사물이 대지에 속한다는 점부터 주목해야 합니다. 그렇지만 자족하며 지니고-숨는 대지의 본재는 오직 세계 속에 솟아날 때만, 즉 세계와 맞서 대립할 때만 드러납니다. 작품의 형체 속에 굳게 세워진 이런 투쟁은 작품을 통해 개방됩니다. 도구에 적용되는 사실, 즉 우리가 도구의 도구다운 측면을 특별히 작품을 통해서야 비로소 경험한다는 사실은 사물의 사물다운 측면에도 적용됩니다. 우리는 사물다운 측면을 결코 곧바로 알지 못합니다. 만약 안다고 할지라도 그저 막연하게만 알 것입니다. 그래서 우리는 작품이 필요합니다. 이런 사실은 작품의 작품 존재 속에서 진실의 벌어짐이, 즉 존재자의 열어젖혀짐이 작동한다는 것을 간접적으로 제시합니다.

마지막으로 우리가 제기하고 싶은 이의는 다음과 같습니다. 그런데 작품이 사물다운 측면을 열린 곳 속으로 미는 게 확실하다면 작품은 그 자체로, 그러니까 그것이 창작되기 전에 이미 창작되기 위해 대지의 사물들, 즉 자연과 관계를 맺고 있어야만 하지 않을까요? 그 관계를 분명 알고 있었던 한 사람은 알브레히트 뒤러입니다. 그런데 그가 남긴 유명한 말은 다음과 같습니다. "예술은 진실로 자연 속에 들어 있습니다. 그래서 [자연] 바깥으로 예술을 꺼내 금으로서 그을reißen[그릴] 수 있는 사람이 예술을 가집니다." 여기서 금으로서 긋는다는 말은 금Riß[설계도]을 바깥으로 옮기는 것, 즉 그림판Reißbrett[제도판製圖板] 위에 그림 연필Reißfeder[제도펜]로 금을 금으로서 긋는reißen[설계하는] 것을 뜻합니다. 그런데 즉각 우리는 다음과 같이 반문합니다. 창작하는 설계Entwurf가 금을 금으로서, 다시 말해 먼저 금을 척도 있음과 척도 없음 사이의 투쟁으로서 열린 곳으로 옮기지 않는다면 도대체 어떻게 해야 금을 바깥으로 꺼내 그을 수 있단 말입니까? 확실히 자연 속에는 금, 척도, 경계가 들어 있고, 그것들과 연관된 산출 능력Können, 즉 예술Kunst이 들어 있습니다. 그런데 이와 마찬가지로 확실한 사실은 자연 속에 있는 예술이 작품을 통해서야 비로소 개방된다는 것입니다. 왜냐하면 예술은 작품 속에 샘솟으며 들어 있기 때문입니다.

우리가 작품의 실다움을 얻으려고 노력한 것은 실다운 작품에서 예술과 예술의 본재를 찾아내기 위한 토대를 마련하기 위해서였습니다. 예술의 본재에 대한 물음은, 즉 예술을 알아가는 길은 비로소 다시금 어떤 근거를 가지게 됩니다. 이 물음에 대한 대답은 모든 진정한 대답과 마찬가지로 물음들의 기나긴 행렬에서 마지막 걸음을 끝까지 내디디는 것일 뿐입니다. 모든 대답이 힘 있는 대답으로 있을 수 있으려면 각각의 대답은 물음의 작업에 뿌리를 단단히 내리고 있어야만 합니다.

작품의 작품 존재를 바탕으로 작품의 실다움은 우리에게 더 명료해졌으며 동시에 본재적 차원에서도 더 풍부해졌습니다. 작품의 창작된 존재에는 창작자와 마찬가지로 보존자도 본재적으로 속합니다. 그런데 창작자의 본재를 가능하게 하는 작품은 그것 자체의 본재로부터 보존자를 사용합니다. 예술이 작품의 샘이라고 말할 때 이 말은 예술이 작품에서 서로에게 본재의 차원에서 속하는 창작자와 보존자의 본재를 샘솟아 나오도록 한다는 것을 뜻합니다. 그런데 예술이란 그 자체로 무엇이기에 우리가 그것을 샘이라고 이름하는 게 정당할까요?

작품 속에서는 진실의 벌어짐이 작동하고, 그것도 작품의 방식으로 그렇습니다. 따라서 앞서 예술의 본재는 진실의 작품-속에-작동하게-놓음으로 규정되었습니다. 그런데 이 규정의 모호성은 의도한 것입니다. 이 규정에 따르면 한편으로 예술은 진실을 형체 속에 굳게 세움입니다. 이때 진실은 스스로를 [존재자 속에] 채우는 것입니다. 이런 세움은 존재자의 막힘없음을 산-출하며[데려와 앞으로-옮기며] 창작할 때 벌어집니다. 그런데 다른 한편으로 작품-속에-작동하게-놓음은 작품 존재를 움직이고 벌어지게 함을 뜻합니다. 이는 보존함으로서 벌어집니다. 요컨대 예술은 작품 속에서 진실을 창작하며 보존함입니다. 그렇다면 예술은 진실이 생성되고 벌어짐입니다. 그렇다면 진실은 무無Nichts에서 생겨나는 것일까요? 이때 무가 순전히 존재자가 아닌Nicht 것을 가리킨다면 실제로 무에서 생겨날 것입니다. 여기서 존재자는 익숙하게 앞에 놓여 있는 것으로서 생각된 것을 말합니다. 이 같은 존재자는 나중에 거기에 서 있게 되는 작품을 통해 진실하다고 추정될 뿐인 존재자로 밝혀져 흔들리게 됩니다. 앞에 놓여 있는 익숙한 것으로부터는 결코 진실이 드러날 수 없습니다. 오히려 열린 곳이 열어젖혀짐과 존재자가 트임이 벌어질 수 있으려면 던져진Geworfenheit 채로 도래하는 열림이 설계되어야entworfen[밑그림처럼 던져져야] 합니다.

진실이 존재자의 틈과 막으로 벌어질 수 있으려면 진실은 시로 지어져야[짙어져야] 합니다.¹ 모든 예술은 존재자 그 자체의 진실이 도래하는 일이 벌어지도록 놔두는 것입니다. 그런 예술은 그 본재에서 시로 짓는 것입니다. 예술 작품과 예술 작가가 둘 다가 기초하는 예술의 본재는 진실의 스스로를-작품-속에-작동하게-놓음입니다. 예술의 시로 짓는 본재로부터 예술이 존재자의 중심에서 열린 자리를 펼치는 일이 벌어집니다. 그 자리의 열림 속에서는 모든 것이 평소와 다르게 있습니다. 우리를 향해-던져지는 존재자의 막힘없음은 작품 속에 작동하게 놓이며 설계됩니다. 이런 설계에 힘입어 작품은 이제까지 모든 익숙한 것을 비非존재자[존재하지 않는 것]가 되게 합니다. 비존재자는 존재를 척도로서 주며 진실로 보호하는 능력을 상실했습니다. 이때 이상한 점은 어떤 방식으로도 작품이 이제까지의 존재자에 인과관계를 통해 작용을 가하지 않는다는 것입니다. 작품의 작용은 [원인으로서] 작용을 가하는 게 아닙니다. 작품의 작용은

---

1 1960년 레클람 판본: 물어볼 만한 '시 짓기' — 이야기의 사용으로서의 ['시 짓기']. 틈과 시 짓기의 관계는 불충분하게 서술되었다.

작품으로부터 벌어지는 존재자의 막힘없음의 변화, 즉 존재의 변화에 기초합니다.[1]

그런데 시 짓기는 방랑하며 임의적인 것을 꾸며내는 일도 아니고, 단순한 관념과 상상을 비현실적인[실답지 않은] 것 속으로 천천히 사라지게 하는 일도 아닙니다. 트면서 설계하는 시 짓기는 열린 곳을 막힘없음으로부터 구별해 펼치고 그곳에 형체의 금을 그으며 앞서 던지는 일입니다. 시 짓기는 그 열린 곳을 벌어지게 하는데, 그곳이 지금 처음으로 존재자의 중심에서 존재자가 빛과 소리를 내게 하는 방식으로 그렇게 합니다. 작품의 본재 그리고 작품이 존재자의 진실의 벌어짐과 맺는 관계의 본재와 관련해서 다음과 같은 의문이 생깁니다. 시 짓기의 본재, 즉 설계의 본재가 공상과 상상력의 관점에서 충분히 생각될 수 있을까요?

지금 시 짓기의 본재는 넓은 의미에서 경험되었지만 그렇다고 해서 막연하게 경험된 것은 아닙니다. 이제 시 짓기의 본재를 비로소 곰곰이 생각해보아야 하는 것, 즉 물어볼-만한 품위가 있는 것으로 굳게 붙잡아봅시다.[2]

모든 예술이 그 본재에서 시 짓기라고 한다면 건축예술, 그림

---

[1] 1960년 레클람 판본: 불충분하다 — 막힘없음과 '존재'의 관계. 존재=현재성, 『시간과 존재Zeit und Sein』를 참조하라.
[2] 1960년 레클람 판본: 그러니까 예술의 고유한 특성도 물어볼-만한 품위가 있는 것이다.

예술, 음악 예술의 기원을 포에지Poesie에서 찾을 수밖에 없을 것입니다. 이렇게 찾는 것은 순전히 자의적입니다. 우리가 포에지를 [예술 일반을 가리키는 그리스어 포이에시스ποίησις처럼 들려] 쉽게 오해될 수 있는 명칭인 포에지로 불러도 된다면, 우리는 방금 언급한 예술들을 언어로 된 예술의 변종들로 여길 수 있을 것입니다. 그렇게 여기는 한에서 그 예술들의 기원을 확실히 포에지에서 찾을 것입니다. 그런데 포에지는 진실을 트면서 설계하는 한 가지 방식에 불과합니다. 다시 말하면 이처럼 넓은 의미의 시 짓기의 한 가지 방식입니다. 그런데도 언어로 된 작품, 즉 좁은 의미의 시는 예술 전체 가운데 탁월한 위치에 있습니다.

그 탁월한 위치를 알아보기 위해서는 언어를 올바르게 이해하기만 하면 됩니다. 널리 퍼진 생각에 따르면 언어는 일종의 전달 수단으로서 여겨집니다. 언어는 상의나 협의의 용도로, 즉 일반적으로 소통의 용도로 쓰입니다. 그런데 언어는 전달되어야 할 것을 음성이나 문자로 표현한 것에 국한되지 않고, 원래 그런 것도 아닙니다. 언어는 명시적으로나 함축적으로 의도된 것을 낱말과 문장에 실어 비로소 계속해서 나르는 것에 그치지 않습니다. 그보다 언어는 최초로 존재자를 존재자로서 열린 곳에 옮기는 것입니다. 언어가 본재하지 않는 곳에는, 예컨대 돌덩이, 식물과 동물의 존재 속에는 존재자의 열림도 없습니다. 그래서 그곳에는 무無존재자[존재자가 없는 것]의 열림도 없고, 공허한 것의 열림도 없습니다.

언어는 존재자를 최초로 이름하면서nennt 비로소 존재자를 낱말로 부르고 현상하게 합니다. 이런 이름함은 존재자를 그 존재로부터 불러 그 존재로 임명합니다ernennt. 그렇게 이야기하는Sagen 것은 밝은 곳을 설계하는 것입니다. 그곳에서는 존재자가 무엇으로서 열린 곳에 들어오는지가 알려집니다angesagt. 설계하는Entwurf 것은[1] 던진 것Wurf[작품]을 발생시키는 것입니다. 그렇게 던져진 막힘없음은 존재자 그 자체 속에 들여보내집니다. 설계하며 이야기하기를 시작하는Ansagen 것은 모든 불투명한 혼란스러움을 즉각적으로 거절하는Absage[이야기하기를 멈추는] 것이 됩니다. 그 혼란스러움 속에서는 존재자가 감싸인 채 물러서고 있습니다.[2]

설계하며 이야기하는 것은 시로 짓는 것입니다. 예컨대 세계와 대지에 관한 이야기[신화], 그것들 사이에서 벌어지는 투쟁의 놀이 공간에 관한 이야기, 그와 더불어 모든 신이 왔다가 떠나간 장소에 관한 이야기가 있습니다. 시 짓기는 존재자의 막힘없음의 이야기입니다. 각 [민족과 시대의] 언어는 다음과 같은 이야기가 벌어진 것입니다. 그 이야기 속에서는 한 민족의 역사적

[1] 1960년 레클람 판본: 설계하는 것은 ― 틈 그 자체가 아니다. 왜냐하면 틈 속에 비로소 설계가 위치하기 때문이다. 오히려 그것은 모든 금을 설계하는 것이다.
[2] 1960년 레클람 판본: 그저 그렇게 [물러서는 것일 뿐일까]? 또는 역사적 운명으로서. 세움-모음을 참조하라.

세계가 자라나고 숨은 대지가 보호됩니다. 설계하며 이야기하는 것은 말할 수 있는 것을 마련해주는 동시에 말할 수 없는 것 그 자체를 세계에 옮기는 것입니다. 그렇게 이야기할 때 역사적 민족에게는 자신의 본재에 대한 이해, 다시 말해 자신이 세계-역사에 속한다는 것에 대한 이해가 미리 새겨집니다.

여기서 시 짓기는 매우 넓은 의미에서 그리고 그 본재는 언어 및 낱말과의 매우 긴밀한 통일 속에서 생각되고 있습니다. 이토록 넓고 긴밀하기에 건축예술에서 포에지에 이르는 예술의 모든 장르가 시 짓기의 본재를 완전히 밝히는지의 여부는 열린 채로 있을 수밖에 없습니다.

언어 자체는 본재적인 의미에서 시 짓기입니다. 그런데 언어 속에서는 존재자가 존재자로서 비로소 각각의 사람에게 드러나는 일이 벌어집니다. 그 때문에 포에지, 즉 좁은 의미에서의 시 짓기는 본재적 의미에서의 시 짓기의 가장 근원적인ursprünglichste[가장 먼저 샘솟은] 모습입니다. 언어가 시 짓기인 이유는 언어가 근원 포에지Urpoesie이기 때문이 아닙니다. 오히려 시 짓기의 샘솟는 본재를 언어가 안전하게 보호하고 있으므로 포에지가 언어 속에서 사건[존재 사건]으로서 일어나는 것입니다. 포에지와 달리 건축예술이나 조형예술은 이야기하며 이름하는 작업에 의해 열려 있는 곳에서만 늘 벌어집니다. 그 열린 곳은 건축예술과 조형예술에서 두루 힘을 발휘하고 그것들을 인도합니다. 그 때문에 건축예술과 조형예술은 진신이 스스로를 작품에 들어맞게 채우는 고유한 길이자 방식으로 있습니다. 두 예술은 존재자의 틈 내부에서 각각 나름대로 시로 짓는 것입니다. 그 틈은 이미 은밀히 언어 속에서 벌어진 것입니다.[1]

　예술은 진실의 작품-속에-작동하게-놓음이고, 시 짓기입니다. 작품의 창작만이 시 짓기가 아닙니다. 비록 창작하는 시 짓기와 그 방식은 다르지만, 작품의 보존도 역시 시 짓기입니다[시적입니다]. 그 이유는 다음과 같습니다. 작품이 작품으로서 실답게 보존될 수 있으려면 우리가 우리의 익숙한 일상으로부터 우리 자신을 그 바깥으로 밀어 내보내면서, 작품에 의해 열어젖혀진 곳으로 밀어 넣고, 그럼으로써 우리의 본재 자체를 존재자의 진실 속에 세워야[2] 하기 때문입니다.

　예술의 본재는 시 짓기입니다. 그런데 시 짓기의 본재는 진실의 설립입니다. 우리는 설립이라는 말을 세 겹의 의미로 이해합니다. 선물함으로서의 설립, 근거를 둠으로서의 설립, 시작함으로서의 설립입니다. 그런데 설립은 오직 보존 속에서만 실답습니다. 그리하여 설립의 방식에는 각각 그에 상응하는 보존의 방식이 있습니다. 지금 우리는 예술의 본재가 지닌 이런 구조를 대

---

1 1960년 레클람 판본: 이 말은 무슨 뜻인가? 틈이 언어를 통해 벌어지는 것일까? 그렇지 않으면 사건으로서 일어나는 틈이 비로소 이야기와 응답하는[체념하는] 이야기함을 주고, 그리하여 언어도 주는 것일까? 언어와 몸(소리와 문자).
2 1960년 레클람 판본: [존재에 의해] 사용되도록 들어선다는 의미에서.

략적으로만 보일 수 있습니다. 그것도 앞서 작품의 본재를 특징 지은 것이 그 구조에 대해 첫 암시를 주는 정도로만 가능합니다.

진실의 작품-속에-작동하게-놓음이 주는 충격으로 비-범한 것은 위로 올라오고 동시에 평범한 것과 사람들이 평범하다고 간주하는 것은 뒤집히고 맙니다. 작품 속에서 열어젖혀지는 진실은 결코 기존의 것을 가지고 증명되거나 그것으로부터 파생될 수 없습니다. 기존의 것이 지닌 독점적인 실다움은 작품에 의해 반박됩니다. 그 때문에 예술이 설립하는 것에는 앞에 놓여 있는 것이나 사용할 수 있는 것에 의해 보충되거나 메워질 수 있는 부족함이 전혀 없습니다. 설립은 넘쳐흐름, 즉 선물입니다.

진실의 시로 짓는 설계[디자인]는 스스로를 형체로서 작품 속에 작동하도록 세웁니다. 그런 설계는 결코 공허하고 막연하게 행해질 수 있는 게 아닙니다. 오히려 작품 속에서 진실은 다가올 보존자들, 즉 역사적 인류 공동체를 향해 던져지는 것입니다. 하지만 그렇게 던져진 것은 결코 임의로 부당하게 요구된 것일 수 없습니다. 진실로 시로 짓는 설계는 실존이 역사적인 것으로서 이미 던져져 있는 곳을 열어젖힙니다. 그곳은 대지이고, 한 역사적 민족에게는 그 민족의 대지입니다. 그 대지는 스스로를 숨기는 근거이고, 그 근거 위에 기초하는 민족은 여전히 자기 자신에게 막혀 있지만 이미 있는 모든 것과 함께 있습니다. 그런데 그 모든 것은 그 민족의 세계입니다. 그 세계는 역사적 실존이 존재의 막힘없음과 맺는 관계를 바탕으로 힘을 발휘합니다. 그 때문에 설계할 때는 사람에게 함께 주어진 모든 것이 그 숨은 근거로부터 길어 올려져heraufgeholt 특별히 그 근거 위에 놓일 수밖에 없습니다. 그렇게 그 근거는 떠받치는 근거로서 비로소 두어지게 됩니다.

모든 창작함Schaffen은 그런 길어 올림이므로 창조함Schöpfen(물을 원천源泉에서 길음holen)입니다. 물론 근현대 주관주의는 창조적인 것을 즉각 자주적인 주관[주체]의 천재적 업적으로 오해합니다. 진실의 설립은 자유로이 선물하는 설립일 뿐만 아니라 동시에 이렇게 근거를-놔두며 근거를 두는 설립이기도 합니다. 시로 짓는 설계는 자신의 선물을 결코 기존의 친숙한 것으로부터 받을 수 없다는 점에서는 무無로부터 나오는 것입니다. 그렇지만 그 설계는 결코 무로부터 나온 게 아닙니다. 왜냐하면 그 설계가 역사적 실존을 향해 던진 것은 그 실존 자신에게 유보되어 있던 사명일 뿐이기 때문입니다.

선물과 근거는 우리가 시작始作이라고 이름하는 그 매개되지 않은 직접적인 것을 간직하고 있습니다. 그렇지만 시작의 비매개적 직접성은 매개할 수 없는 직접적인 것으로부터 솟는[비약하는]¹ 특성입니다. 이런 특성은 그 시작이 가장 오랫동안 은밀히 스스로 [솟음을] 준비해왔다는 것을 배제하지 않고 포함합니

64

---

1 1960년 레클람 판본: '솟음[도약]'. 이에 관해서는 『동일성과 차이Identität und Differenz』에서 동일성에 관한 강연을 참조하라.

예술 작품의 샘

다. 진정한 시작은 솟으면서 항상 먼저 솟고, 그래서 [그 시작을 뒤따라서] 올 모든 것을 이미 솟아[뛰어] 넘었습니다. 물론 그런 시작은 감싸여 있습니다. 시작은[1] 이미 막혀 있는[감추어진] 종말을 포함하고 있습니다. 당연히 진정한 시작은 원시적이며 초보적인 것과 관련이 없습니다. 원시적인 것에는 선물하며 근거를 두는 솟음이나 먼저 솟음이 없고, 그리하여 항상 미래가 없습니다. 원시적인 것은 오직 자신을 사로잡고 있는 것만을 포함하므로 자신으로부터 다른 어떤 것도 내보낼 수 없습니다.

원시적인 것과 달리 시작은 드러나지 않은 풍요로운 비범함을, 다시 말해 평범한 것과의 투쟁을 항상 포함하고 있습니다. 시로 짓는 예술은 진실의 투쟁을 일으킨다는 세 번째 의미에서의 설립, 즉 시작하는 설립입니다. 존재자 전체가 그 자체로서 열림 속에 근거를 갖길 요구할 때면 언제나 예술은 설립이라는 자신의 역사적 본재에 다다릅니다. 서양에서 예술은 그리스 민족에게서 최초로 벌어졌습니다. 그때 작품 속에 작동하게 놓인 것이 척도가 되었고, 그후에 존재라고 불리게 되었습니다. 그렇게 최초로 열어젖혀진 존재자 전체는 그다음에 신에 의해 창조된 것이라는 의미의 존재자로 크게 변하게 되었습니다. 그런 변화는 중세에 벌어졌습니다. 이런 존재자는 근대가 태동하고 지

---

[1] 1960년 레클람 판본: 시작Anfang은 사건의 차원에서 시-작An-Fang[처음으로-잡음]으로 생각된다.

나면서 다시 크게 변화되었습니다. 존재자는 계량적 방법을 통해 지배하거나 꿰뚫어 볼 수 있는 [깊이가 없는] 대상으로 변화해버렸습니다. 변화가 일어날 때마다 새로운 본재의 세계가 열렸습니다. 그때마다 진실의 형체 속으로의 굳게-세움을 통해 존재자의 열림이 존재자 자체 속에 채워질 수밖에 없었습니다. 그때마다 존재자의 막힘없음이 벌어졌습니다. 막힘없음은 스스로를 작품 속에 작동하게 놓습니다. 그런 놓음을 완수하는 게 예술입니다.

　예술이 벌어질 때면, 다시 말해 시작이 있을 때면 언제나 역사 속으로 어떤 충격이 들어옵니다. 즉 역사가 비로소 또는 다시 시작됩니다. 방금 말한 역사는 시간 속에서 연속적으로 일어난 이런저런 일들을 가리키지 않습니다. 그 일들이 아무리 중요하다고 할지라도 상관없습니다. 역사란 한 민족을 그 민족에게 맞게 주어진 것[사명] 속으로 밀어놓는 것입니다. 이는 동시에 그 민족에게 공통으로 주어진 것[유산] 속으로 밀어 넣는 것이기도 합니다.

　예술은 진실의 작품-속에-작동하게-놓음입니다. 이 명제에는 본재적 차원의 모호성이 감추어져 있습니다. 그래서 진실은 놓음의 [놓는] 주체이면서 동시에 [놓이는] 객체입니다. 그런데 지금 말한 주체와 객체는 부적합한 이름입니다. 이런 이름들은 저 모호한 본재에 대해 생각하지 못하게 합니다. 그 본재에 대해서는 이 강연에서 더 이상 고찰하지 않습니다. 예술은 역사적이고, 역사적인 것으로서 작품 속에서 진실을 창작하고 보존합니다. 예술은 시 짓기로서 벌어집니다. 시 짓기는 선물, 근거, 시작의 세 가지 의미에서의 설립입니다. 설립으로서의 예술은 그 본재에서 역사적입니다. 이 말은 예술이 피상적인 의미의 역사[예술사]를 가진다는 것을 뜻합니다. 즉 예술도 시대의 변화 과정에서 다른 많은 것과 함께 나타나 그 과정에서 달라지다가 사라지고, 그 변화하는 모습들을 역사학에 제공합니다. 예술이 역사적이란 말의 의미는 이게 전부가 아닙니다. 오히려 예술은 그것이 역사의 근거가 된다는 본재적 의미에서 역사입니다.

예술은 진실을 샘솟아 나오도록 합니다. 설립하며 보존하는 예술은 작품 속에서 존재자의 진실이 샘솟게 합니다. 어떤 무엇인가를 샘솟게 하는 것은 설립하며 솟는 그 무엇인가를 그 본재가 새어 나오는 곳에서부터 존재 속으로 옮기는 것입니다. 이것이 바로 샘[근원적인 솟음]이라는 낱말의 의미입니다.

예술 작품의 샘은 예술입니다. 동시에 예술은 창작자와 보존자의 샘이고, 다시 말해 한 민족의 역사적 실존의 샘입니다. 예술이 이 같은 샘인 이유는 예술의 본재가 [진실의] 샘이기 때문입니다. 즉 예술은 진실이 존재하게 되는, 다시 말해 역사적으로 벌어지게 되는 하나의 탁월한 방식입니다.

우리는 예술의 본재에 대해 묻고 있습니다. 무엇 때문에 우리는 이렇게 묻고 있을까요? 우리가 이렇게 묻는 목적은 다음의 물음을 더 본래적으로 묻기 위해서입니다. 우리가 역사적으로 실존할 때 예술은 샘일까요? 아니면 그렇지 않을까요? 어떤 조건 아래에서 예술이 샘일 수 있고 샘일 수밖에 없을까요?

이 같은 숙고가 예술과 예술의 생성을 억지로 강요할 수는 없습니다. 그런데 이렇게 숙고하며 아는 것은 예술의 생성을 선행적으로 준비하는 것이기에 그 준비는 없어서는 안 됩니다. 이렇게 알아야만 작품에는 공간[1]이, 창작자에게는 [창작할] 방법이, 보존자에게는 [보존하며] 설 자리가 마련될 수 있을 것입니다.

이런 앎은 서서히 자랄 수밖에 없습니다. 그러면 다음과 같은 양자택일의 결정이 내려지게 됩니다. 예술은 샘일 수 있고 그래서 먼저 솟을 수밖에 없는 것일까요? 그렇지 않으면 예술은 그저 나중에 덧붙은 것으로 있어야 하고 그래서 관행이 되어버린 문화 현상의 하나로서만 동반될 수 있는 것일까요?

우리는 살아갈 때 샘의 곁에 역사적으로 있습니까? 샘의 본재를 우리는 알고 있을까요? 다시 말해 그 본재에 주의를 기울이고 있나요? 그렇지 않으면 우리는 예술을 대할 때 기껏해야 과거의 교양에 불과한 것에 의거하고 있나요?

이 같은 양자택일의 상황에 그 결정을 내리기 위한 하나의 확실한 신호가 주어져 존재합니다. 대표적인 시인 횔덜린이 그 신호를 언급했습니다. 그의 작품은 독일인들이 여전히 견뎌야

---

[1] 1960년 레클람 판본: 머물 장소.

할 것으로 임박해 있습니다. 횔덜린은 다음과 같이 이야기했습니다.

"떠나기 어렵습니다,
   샘 가까이 사는 것은, 그 장소를."

「편력Die Wanderung」,
(헬린그라트가 편집한) [횔덜린] 전집 4권, 167쪽.

후기

앞에 놓인 성찰은 예술의 신비에 관한 것이다. 예술 자체가 신비다. 성찰은 신비를 밝히려 하지 않는다. 신비를 보는 것이 당면한 과제이다.

예술과 예술 작가 자체에 대해 고찰하기 시작한 무렵부터 사람들은 이런 고찰을 미학적 고찰이라 이름해왔다. 미학Äs-thetik은 예술 작품을 어떤 대상으로, 다시 말해 아이스테시스 αἴσθησις[aisthesis]의 대상, 즉 넓은 의미에서 감지의 대상으로 간주한다. 이렇게 감지하는 것을 오늘날 사람들은 체험하는 것이라고 말한다. 사람이 예술을 체험하는 방식에서 예술의 본재에 대해 알 수 있어야 할 것이다. 체험은 예술을 즐길 때뿐만 아니라 예술을 창작할 때도 척도가 되는 원천이다.[1] 모든 것이 체험

---

[1] 1960년 레클람 판본: 근현대 예술은 그 체험다운 측면으로부터 [사람을]

이다. 하지만 어쩌면 체험은 예술을 죽음에 이르게 하는 요소일
지도 모른다.¹ 이런 죽음은 매우 서서히 진행되고 있어서 지금
부터 수 세기가 지난 후에야 예술은 사멸할 것이다.

  물론 사람들은 예술의 불멸하는 작품들이나 예술의 영원한
가치에 대해 말한다. 그렇게 말하는 사람들이 사용하는 언어는
어떤 본재적인 것도 엄격하게 다루지 않는다. 왜냐하면 그들은
엄격하게 다루는 것이 결국 생각하기를 의미할까[요구할까] 봐
두려워하기 때문이다. 오늘날 생각의 작업에 대한 불안보다 더
큰 불안이 어디 있겠는가? 불멸하는 작품들이나 예술의 영원한
가치에 대한 말은 내실이 있고 변하지 않는가? 아니면 그 말은
위대한 예술과 그 본재가 사람을 떠나버린 시대에 남겨진 채
기껏해야 엉성하게 생각된 상투적인 말에 불과한가?

  서양은 예술의 본재에 대한 숙고를 소유하고 있다. 그 숙고는

바깥으로 밀어 내보내는가? 그렇지 않으면 그저 체험되는 것[대상]만 달
라지고 그래서 당연히 이제 체험하는 것[행위]은 전보다 더욱더 주관적
인 것이 되는가? 체험된 것은 지금 — '창작 충동의 기술' 자체가 — 만
들며 발명하는 방법이 된다. '비형식적인' 것[예술]과 그에 상응하는 막연
하고 공허한 '상징적인' 것[예술]은 그 자체로 여전히 형이상학으로 남아
있다. 자아[개인]의 체험이 '사회[집단]'이다.

1 1960년 레클람 판본: 그런데 이 문장은 예술이 정말로 종말에 이르렀다
는 것을 뜻하지는 않는다. 종말에 이르려면 체험이 예술을 위한 절대적
인 요소로 있어야만 할 것이다. 그런데 지금 가장 중요한 일은 체험으로
부터 나와 현-존재에 도달하는gelangen 것, 다시 말해 예술의 '생성'을
위해 전혀 다른 '요소'를 달성하는erlangen 것이다.

형이상학을 바탕으로 생각되었기에 가장 포괄적인 것이다. 그것은 헤겔의 『미학 강의』이다. 거기에는 다음과 같은 문장들이 있다.

"우리에게 예술은 더 이상 진실이 스스로를 실존하게 하는 최고의 방식[1]으로 여겨지지 않는다."(WW[슈투트가르트에서 발행된 헤겔 전집]. X, 1, 134쪽). "물론 사람들은 예술이 점점 더 진보하여 스스로를 완성하기를 희망할 수 있다. 하지만 예술이라는 형식은 더 이상 정신이 욕구하는 최고의 것이 아니다."(같은 곳, 135쪽). "이 모든 관계 속에서 예술은 그 최고의 규정[사명]과 관련해서 봤을 때 우리에게 과거의 것이고, 또 그런 것으로 머물러 있다."(X, 1, 16쪽)

헤겔은 1828년에서 1829년으로 넘어가는 겨울에 베를린대학교에서 마지막으로 미학을 강의했다. 사람들은 그 이후로 수많은 새로운 예술 작품과 예술 경향이 생겨난 것을 보았다고 확언한다. 그렇다고 해서 사람들이 위의 문장들로 헤겔이 선고한 [예술의 죽음에 대한] 판결에서 벗어날 수 있는 것은 아니다. 헤겔은 새로운 예술 작품과 예술 경향이 생겨날 가능성을 부정하려 한 적이 없다. 그러나 다음과 같은 물음이 남아 있다. 여전히 예술은 우리의 역사적 실존을 위해 결정적 역할을 하는 진실이

---

[1] 1960년 레클람 판본: 예술은 진실(헤겔의 경우에는 절대자의 확실성)의 방식이다.

예술 작품의 샘   127

벌어지는 본재적이자 필연적인 방식인가? 아니면 예술은 더 이상 그런 방식이 아닌가? 그런데 예술이 더 이상 그런 방식이 아니라면, 왜 아니냐는 물음이 남게 될 것이다. 헤겔이 선고한 판결에 관한 결정은 아직 내려지지 않았다. 왜냐하면 그 판결의 배후에는 고대 그리스에서 시작된 서양 사상이 서 있고, 그 사상은 이미 벌어지고 있는 존재자의 진실에 상응하는[따라 말하는] 것이기 때문이다. 그 판결의 진위에 관한 결정이 내려진다면 그 결정은 그 진실을 바탕으로 해서 그 진실에 관해 내려질 것이다. 그 결정이 내려질 때까지는 헤겔의 판결이 유효한 것으로 남아 있을 것이다. 이 때문에 그 판결이 말하는 진실이 최종적인지, 그리고 최종적이라면 어떻게 될지 물어야 할 필요가 있다.

69 이런 물음들과 우리의 관계는 때로는 명료하고 때로는 희미하다. 그것들은 우리가 예술의 본재를 곰곰이 생각한 후에만 물을 수 있다. 우리는 예술 작품의 샘에 대한 물음을 제기함으로써 [예술의 본재를 향해] 몇몇 걸음을 내디뎌보려 한다. 작품의 작품[작동] 성격에 주목하는 일이 중요하다. 여기에서 샘이라는 낱말의 의미는 진실의 본재를 바탕으로 생각되었다.

그 진실은 사람들이 진실이라는 이름으로 알고 있는 것과 다르고, 인식과 과학에만 부여된 성질[眞]과도 다르다. 그 성질은 이론적이지 않은 활동의 가치들을 일컫는 이름으로 여겨지는 아름다운 것[美] 및 도덕적인 것[善]과 구분되는 것이다.

진실은 존재자 그 자체의 막힘없음이다.¹ 진실은 존재의 진실이다. 아름다움은 이런 [진실과 분리되어] 진실 옆에 나타나는 것이 아니다. 진실은 스스로를 작품 속에 작동하게 놓을 때 현상한다. 이 현상함Erscheinen이 — 진실이 작품 속에 이렇게 존재하는 것 그리고 작품으로서 존재하는 것이고 — 아름다움Schönheit이다. 그래서 아름다운 것이 사건[존재 사건]으로서 일어나는 진실에 속하는 것이다. 아름다운 것은 단지 그것이 마음에 드는 정도와 관련된 것이 아니고, 그저 마음에 드는 대상에 불과한 것도 아니다. 오히려 아름다운 것은 형태에 기초한다. 그런데 그렇게 기초하는 유일한 이유는 포르마[형태]가 일찍이 존재자의 존재자적 본성과 동일시된 존재를 바탕으로 트였기 때문이다. 그 당시 에이도스[모양]였던 존재는 사건으로서 일어났다. 이데아ἰδέα[형상]는 스스로를 모르페[형태]와 엮는다. 쉬놀론σύνολον[집합]은 모르페와 휠레[질료]가 통일된 완전체이고, 즉 에르곤ἔργον[작품]이다. 쉬놀론은 에네르게이아ἐνέργεια[현실태]의 방식으로 존재한다. 이런 방식의 현재성은 엔스 아크투ens actu[현실적 존재자]의 아크투알리타스actualitas[현실성]가 되어버린다. 아크투알리타스는 실다움[실제성]이 되어버린다. 실

---

1 1957년 3판: 진실은 존재자의 존재이다. 그 존재는 스스로를 트고 있다. 진실은 사이-나눔(내어 나름)의Unter-Schieds 틈이다. 이때 틈은 이미 차이Unterschied를 바탕으로 규정되고 있다.

다움은 대상성이 되어버린다. 대상성은 체험이 되어버린다. 서양식으로 규정된 세계에서 존재자가 실다운 것으로서 존재하는 방식 속에는 아름다움과 진실의 묘한 동행이 감추어져 있다. 서양 예술에서 그 본재의 역사는 진실의 본재가 변천한 것에 상응한다. 예술에 대한 형이상학적 개념이 예술의 본재에까지 이른다고 한다면, 진실과 무관한 아름다움을 바탕으로는 체험을 바탕으로 할 때와 마찬가지로 서양 예술이 이해되지 않을 것이다.

부록

111쪽과 112쪽을 주의 깊게 읽은 독자의 마음에는 본재적인 어려움이 끈질기게 떠오를 것이다. 왜냐하면 "진실을 굳게 세움"과 "진실이 도래하는 일이 벌어지도록 놓아둠"이라는 표현들이 결코 서로 같은 의미를 지닐 수 없는 것처럼 보이기 때문이다. "굳게 세움" 속에는 그 도래를 차단하려는, 즉 훼방하려는 의지[욕구]가 들어 있다. 이에 반해 벌어지도록 놓아둠 속에서는 순응함이 보이고, 그래서 마치 아무 욕구도 없는 것처럼 [그 도래를] 자유롭게 줌이 보인다.

우리가 굳게 세움을 이 논문 전체에 걸쳐서 의도한 의미로, 다시 말해 특히 "작품-속에-작동하게-놓음"[1]이라는 주요 규정

---

[1] 1960년 레클람 판본: [작품-속에-작동하게-놓음보다는] 작품-속에-작동하게 옮김이 더 좋다. 즉 데려와 앞으로-옮김, 놓아둠으로서의 옮김이 더

예술 작품의 샘　131

에서 의도한 의미로 생각한다면 그 어려움은 저절로 해결될 것이다. "세움" 및 "놓음"은 "놔둠"과도 관계가 있다. 이 세 가지 의미는 모두 라틴어 포네레ponere[놓다]에 통일적으로 포함되어 있다.

우리는 "세움"을 테시스θέσις[thesis]의 의미에서 생각해야 한다. 그래서 94쪽에서는 다음과 같이 말한다. "이 강연의 곳곳에서(!) 언급한 놓음과 차지함은 막힘없는 곳에서 일으켜 세움을 뜻하는 그리스어 테시스의 의미로 생각됩니다." 그리스적 의미에서 "놓음"은 예컨대 어떤 조각상[입상立像]을 생생하게 서 있게 놓아둠으로서의 세움을 뜻하고, 다시 말해 봉헌할 제물을 놔두고 내려놓음을 뜻한다. 세움과 놔둠은 막힘없는 곳으로 데려와[1] 현재하는 곳 속으로 앞으로 옮김, 즉 앞에 놓여 있도록 놓아둠의 의미를 지닌다. 이 논문의 어디에서도 놓음과 세움은 근대적 의미에서 [모든 것을] 징발하며[도발적으로 불러내며] (자아-주체) 스스로에게 마주 세움을 뜻하지 않는다. 조각상이 서 있는 것은 (다시 말해 [자아-주체를] 바라보고 빛나며 현재하는 것은) 객체와 같은 대상이 서 있는 것과 다르다. "서 있음"은 (57-58쪽을 참조하라) 지속해서 빛나는 것이다. 이에 반해 칸트의 변증법과 독일 관념론에서 말하는 정립Thesis[놓음], 반反-정립Anti-thesis[반

좋다. 포이에시스ποίησις[산출].
1 1960년 레클람 판본; 틀으로부터 '데려와'.

대에-놓음], 종합 정립Synthesis[합쳐서 놓음]은 주관[주체]적 의식 영역 내부에서 세움을 가리킨다. 이에 헤겔은 그리스어 테시스를 대상을 직접 놓음이라는 의미로 — 그의 입장에서는 정당하게 — 해석했다. 따라서 헤겔에게 이런 놓음은 여전히 진실하지 않은 것인데, 그 이유는 아직 반정립과 종합 정립을 통해 매개되지 않았기 때문이다(요즘 발행된 『이정표Wegmarken』(1967)[한스-게오르크 가다머를 위한 『기념 논문집Festschrift』(1960)]의 「헤겔과 그리스인」을 참조하라).

그렇지만 우리가 예술 작품-논문을 위해 테시스의 그리스적 의미를, 즉 조각상이 빛나며 현재하게끔 앞에 놓여 있도록 놓아둠이라는 의미를 염두에 둔다면 굳게 세움에서 "굳게"는 결코 딱딱하게, 움직이지 않게, 확실하게를 의미한다고 볼 수 없을 것이다.

"굳게"는 윤곽선이 그려지게, 경계 속에 들어오게(페라스 πέρας[경계]), 표면에 금이 그어지게를 뜻한다(99쪽 이하를 참조하라). 그리스적 의미에서 경계는 차단하는 것을 뜻하지 않는다. 오히려 경계 자신도 산출된 것이고, 현재하는 것이 비로소 빛나게 하는 것이다. 경계는 [현재하는 것을] 막힘없는 곳에 자유롭게 주는 것이다. 예컨대 산악은 그리스적 관점에서 이해된 그 윤곽선을 통해 솟아나면서 쉬고 있다. 이렇게 굳게 하는 경계는 쉬고 — 즉 충만한 운동 상태로 — 있는 것이다. 이 모든 것이 그리스어 에르곤[작품]과 같은 의미의 작품에 적용된다. 에르곤의

"존재"는 에네르게이아[energeia]이다. 에네르게이아는 그 속에 근현대의 "에너지Energien"보다 무한히 더 많은 운동을 모으고 [집중하고] 있다.

이처럼 올바르게 생각된 의미에서 진실의 "굳게 세움"은 "벌어지도록 놓아둠"과 결코 반대될 수 없을 것이다. 왜냐하면 한편으로 이런 "놓아둠"은 수동적인 것이 아니라 테시스의 의미에서 최고의 행위(『강연과 논문』, 1954년, 49쪽을 참조하라)이기 때문이다. 그런 행위는 "작용을 가함"이고 "욕구함"이다. 그런 행위의 특징은 앞에 놓인 논문[「예술 작품의 샘」]의 105쪽에서 "실존하는 사람이 자신에게서 벗어나 황홀하게 막힘없는 존재 속에 들어가도록[존재에 응하도록] 놔두는 것"으로 설명된다. 한편 진실이 벌어지도록 놓아둠에서 "벌어짐"은 틈과 막 속에서, 더 정확히 말하자면 그 둘의 통일[화해] 속에서 힘을 발휘하는 운동이다. 즉 "벌어짐"은 막힘 그 자체를 트는 운동이다. 막힘에서는 다시 모든 트임이 새어 나온다. 심지어 이런 "운동"은 데려와-앞으로-옮김의 의미에서 굳게 세움을 요구하기까지 한다. 이런 옮김은 96쪽에서 언급된 다음과 같은 의미에서 이해되어야 한다. 창작하면서(창조하면서) 데려와-앞으로-옮기는 것은 "막힘없음과의 관계[막힘없음을 향하는 흐름] 속에서 오히려 받으며 끌어내는 것"(이다).

지금까지 해명된 내용에 따르면 99쪽에서 사용된 "세움-모음"이라는 낱말의 의미는 표면(페라스)에 금이 그어지도록 대려와-앞으로-옮김, 즉 데려와-앞으로-도래하게-놓아둠의 모음으로 규정된다. 이렇게 생각된 "세움-모음"은 형태로서의 모르페가 지닌 그리스적 의미를 선명하게 한다. 그런데 "몰아-세움Ge-stell"이라는 낱말은 실제로 이런 세움-모음으로부터 생각해낸 것이다. (책꽂이Büchergestell나 장치로부터 생각해낸 것이 아니다.) 이 낱말은 나중에[1940년대 이후의 저술에서] 근현대 기술의 본재를 표현하는 주요 낱말로 사용되었다. 이런 연관은 존재의 역사적 운명에 따른 것이므로 본재적인 연관이다. 근현대 기술의 본재로서의 몰아-세움은 그리스인들의 경험에서 앞에 놓여 있도록 놓아둠을 뜻하는 로고스λόγος로부터, 즉 그리스어 포이에시스와 테시스로부터 새어 나온다. 몰아-세움의 세움은 오늘날 모든 것을 징발해 확보하는 세움을 뜻한다. 이런 세움 속에서는 라티오 레덴다ratio reddenda[주어져야 하는 근거]에 대한 요구, 즉 로곤 디도나이λόγον διδόναι[근거를 줄 것]에 대한 요구가 말해지고 있다. 그래서 당연히 오늘날 몰아-세움 속에서 말해지는 요구는 [근거가 있는 모든 것을] 무조건적으로 지배하게 된다. 그리고 그리스적 의미에서 감지함에 바탕을 두던 앞에-세움은 확보하는-세움과 굳게-세움으로 의미가 집중되게[좁혀지게] 된다.

한편으로 우리는 「예술 작품의 샘」에 등장하는 굳게-세움과 모아-세움이라는 낱말들을 들을 때 세움과 꽂이라고 하는 그 근대적 의미를 잊어야 한다. 그렇지만 이와 동시에 다른 한편으로 우리는 근대를 규정하는 존재인 몰아-세움이 존재의 서양사적 운명으로부터 새어 나온다는 사실, 그리고 그런 존재가 철학자들로부터 생각되어 나온 것이 아니라 생각의 작업을 하는 사람들에게 생각하도록 주어졌다는 사실을 간과해서는 안 된다. 또 이런 사실들의 의의도 간과해서는 안 된다(『강연과 논문』, 1954년, 28쪽과 49쪽을 참조하라).

73 "채움"과 "진실이 스스로를 존재자 속에 채움"에 관해 94쪽에서 짤막한 문구로 주어진 규정들을 해명하는 일은 여전히 어렵다. 우리는 다시금 "채움"을 근현대적 의미에서 이해하는 것을 피해야 한다. 근현대적 의미에서 "채움[설치함]"은 [『강연과 논문』에 포함된] 기술에 대한 강연에서처럼 "계획함"과 제작을 완료함으로 이해되었다. 오히려 "채움"은 96쪽에서 언급한 진실의 "작품을 향하는 흐름[작품에 스며드는 기운]"을 생각하게 한다. 그 흐름에 따라 진실은 존재자의 중심에서 그 자신이 작품으로서 존재하면서 있게 된다(96쪽).

도대체 왜 진실이 존재자의 막힘없음이고 오직 존재자 그 자체의 현재만을, 다시 말해 존재만을 의미하는지에 대해 곰곰이 생각해보자(112-113쪽을 보라). 그러면 진실, 즉 존재가 스스로를 존재자 속에 채움에 관해 우리가 한 말은 물어볼 만한 어떤 것을 건드리게 될 것이다. 그것은 존재론적 차이이다(『동일성과 차이』, 1957년, 37쪽 이하를 참조하라). 이에 (「예술 작품의 샘」, 94쪽 이하에서) 조심스럽게 다음과 같이 말해진다 "열림이 스스로를 열린 곳에 채움을 언급함으로써 우리의 생각의 작업은 이 강연에서 아직 설명될 수 없는 구역을 건드립니다."「예술 작품의 샘」 논문 전체는 알면서도 말없이 존재의 본재에 대해 묻는 길을 걷고 있다. 예술이 무엇인가에 대한 숙고는 오직 존재에 대한 물음을 바탕으로만 전적으로 그리고 결정적으로 규정되어 있다. 예술은 문화유산의 영역이나 정신의 현상으로 여겨지지 않는다. 예술은 사건[존재 사건]에 속한다. 그 사건을 바탕으로 비로소 "존재의 의미"(『존재와 시간』을 참조하라)가 규정된다. 예술이 무엇인가라는 물음은 이 논문에서 대답이 주어지지 않은 여러 물음 가운데 하나이다. 대답들처럼 보이는 것은 물음을 묻기 위한 지침들이다(「후기」의 초반 문장들을 참조하라).

이런 지침들에 속하는 두 가지 중요한 암시가 111쪽과 121쪽에서 보인다. 그 두 대목에서는 "모호성"에 관해 말한다. 121쪽에서는 예술을 "진실의 작품-속에-작동하게-놓음"으로 규정한 것과 관련해서 어떤 "본재적 차원의 모호성"이 언급되었다. 이런 모호성에 따르면 진실은 한편으로는 "주체"이고 다른 한편으로는 "객체"이다. 두 가지 명칭은 여전히 "부적합한"것으로 남아 있다. 진실이 "주체"라면 "진실의 작품-속에-작동하게-놓음"이라는 규정은 "진실의 스스로를-작품-속에-작동하게-놓음"을 뜻할 것이다(111쪽과 58쪽을 참조하라). 이때 예술은 사건을 바탕으로 생각되었다. 그런데 존재는 사람에게 말을 거는 것으로서 존재하고 사람이 없다면 존재하지 않을 것이다. 이에 예술은 동시에 진실의 작품-속에-작동하게-놓음으로도 규정되었다. 이때 진실은 "객체"이고 예술은 사람이 창작하고 보존하는 일이다.

사람이 예술과 맺는 관계[예술을 향하는 흐름] 속에는 진실의 작품-속에-작동하게-놓음의 또 다른 모호성이 있다. 이 모호성은 111쪽에서 창작과 보존으로 언급된다. 112쪽 이하와 92쪽에 따르면 예술 작품과 예술 작가는 "둘 다" 본재하는 예술에 기초한다. "진실의 작품-속에-작동하게-놓음"이라는 문구에서 막연하지만 unbestimmt 규정될 수 bestimm*bar* 있도록 남아 있는 것은 누가 혹은 무엇이 어떤 방식으로 "놓는가"이다. 즉 이 문구 속에는 존재와 사람의 관계가 감추어져 있다. 이 관계를 이렇게 표현한 것은 이미 부적합하게 생각한 결과이다 — 이런 끈질긴 어려움을 나는 『존재와 시간』을 쓸 때부터 선명히 알았고, 『존재와 시간』 이후에 다양하게 표현하여 말했다(최근에 출간된 『존재에 대한 물음으로』를 참조하라. 그리고 앞의 논문[「예술 작품의 샘」 94쪽의 "한 가지만 주석처럼 짤막하게 언급해보겠습니다. […]"를 참조하라).

그다음에 이 논문에서 힘을 발휘하는 물어볼 만한 것은 그 해명 Erörterung을 위한 본래적인 장소 Ort로 모인다. 그 장소에서는 언어의 본재와 시 짓기의 본재가 슬쩍 다루어지는데, 그것도 겨우 서로에게 속하는 존재 및 이야기와 관련해서만 그렇다.

당연히 어떤 독자는 이 논문을 우연히 발견하여 피상적으로 읽을 수 있다. 처음에 그리고 그후에도 오랫동안 그 독자는 생각되어야 할 것[존재]이 흘러나온 영역, 즉 말해지지 않은 원천의 영역을 바탕으로 하는 [이 논문의] 사태들 사이의 관계를 나타내지도 설명하지도 못할 것이다. 이 곤경은 여전히 피할 수 없다. 그런데 저자 자신에게 여전히 남아 있는 곤경은 다음과 같다. 그것은 그가 [존재의 본재에 대해 묻는] 그 길의 다양한 구간 각각에서 그때그때 허락된 언어로 말할 수밖에 없다는 것이다.

예술 작품의 샘에 대하여[샘으로부터]
(초판본)

이 자리에서 강연의 형식으로는 예술 작품의 샘[근원]에 관해 충분히 말할 수 없습니다. 예술 작품의 샘에 있어서 많은 것이 생소할 것입니다. 그런데 그 대부분은 쉽게 오해를 받을 것입니다. 그러나 이런 상황에도 불구하고 단 하나의 일은 매우 중요할 것입니다. 그 일은 바로 우리가 예술의 본재[본질]를 규정하기 위해 오래전부터 생각되고 말해진 모든 것을 존중하더라도 예술에 대한 우리 실존[삶]의 태도의 근본적 변화를 함께 준비하는 것입니다.

예술 작품은 우리에게 익숙합니다. 건축품과 조각품, 소리와 언어로 된 작품은 여기저기에 진열되고 소장되어 있습니다. 작품들은 다양한 시대에서 유래합니다. 그것들은 우리 [독일] 민족의 것이거나 낯선 민족들의 것입니다. 대개 우리는 그렇게 앞에 놓여 있는 예술 작품들의 "샘"도 알고 있습니다. 예술 작품이 예술 작가에 의해 산출되지 않았다면 도대체 어디서 샘솟겠습니까? 산출 작업은 두 가지 과정으로 이루어집니다. 우선 예술적 생각을 상상 속에 표현해보고, 그다음에 그 생각을 예술적 생산물로 옮겨놓습니다. 예술적으로 생각해보는 과정은 그 생각을 실행하는 과정의 선행 조건이고, 따라서 "더 먼저 샘솟은" 것으로 있습니다. 그래도 두 과정은 똑같이 중요합니다. 생각해보는 것은 순수한 정신적 과정이며, "영혼의 체험"으로 묘사될 수 있습니다. 이런 묘사는 예술적 생산물의 산출 작업에 대한 영혼학靈魂學[심리학]의 발전에 기여합니다. 그런 심리학은 꽤 유익할 수 있습니다. 다만 예술 작품의 샘을 결코 밝히지는 못합니다. 왜 밝히지 못할까요? 가장 큰 이유는 여기서 "샘Ursprung"이 앞에 놓여 있는 예술 작품의 "원인Ursache"과 그저 동일시되고 있기 때문입니다. 이처럼 "원인"을 향해 묻는 것은 당연해 보입니다. 그런데 그렇게 보이는 이유는 사람들이 결코 예술 작품으로부터 출발하지 않고 오히려 예술 제품[숙련된 활동]과 같은 예술적 생산물로부터 출발하기 때문입니다. 물론 예술적 형성물이 예술 작가의 "정신적 고심"으로부터 생겨난다는 것은 여전히 맞는 말입니다. 산출 작업은 예술 작가의 탁월한 활동입니다. 이런 활동은 예술 작가의 "개성"을 "표현"한 것이 됩니다. 예술 작가는 산출 작업 중에 자신의 개성을 "마음껏 발휘하고" "자신의 휘몰아치는 감정으로부터 자유롭게 해방됩니다". 그래서 예술 작품은 언제나 예술 작가의 생산물이기도 합니다. 그런데 ─ 이렇게 생산된 존재는 작품의 작품 존재가 아닙니다. 또 산출 작업에서 가장 고유하고 열렬한 목표[욕망]가 작품이 자기 자신에 기대어 쉬도록 놔두는 것도 아닙니다. 그야말로 위대한 예술의 경우에는 ─ 그리고 이 강연에서는 오직 위대한 예술에 대해서만 말합니다 ─ 실다운[실제] 작품에 비해 예술 작가가 중요하지 않은 것으로 있습니다. 즉 마치 [작품이 산출되는] 통로와도 같은 예술 작가는 창작 과정에서 자기 자신을 비우는 것처럼 보입니다.

　예술 작품의 샘에 대해 물을 때 제일 먼저 주의해야 하는 것은 실답게[실제로] 예술 작품 그 자체에서부터 출발하는 것입니다. 명백히 이를 위해서는 예술 작품이 산출 작업에서 이미 분리되어 그 자체로 앞에 놓여 있는 곳으로 찾아 나서야 합니다. 우리는 예술 작품들을 예술 박물관과 전시장에서 마주칩니다. 그곳에 그것들은 소장되어 있습니다. 우리는 예술 작품들을 공공 장소와 가정집에서 발견합니다. 그곳에 그것들은 진열되어 있습니다. 작품들은 선명히 알려져 있습니다. 왜냐하면 예술사 연구가 그것들이 어떤 역사에서 나왔고 어떤 역사에 속하는지를 규정해주기 때문입니다. 예술 전문가와 비평가는 작품들의 내실을 묘사하고 그것들의 ─ 사람들이 말하는 ─ "작품성"을 설명합니다. 그렇게 그들은 예술을 즐기는 집단과 개인이 작품들에 접근할 수 있게 합니다. 예술 동호인과 애호가는 예술 작품들의 수집을 후원합니다. 공공 기관은 예술 작품들을 관리하고 유지하는 일을 담당합니다. 미술상美術商은 [예술] 시장에 신경을 씁니다. 이렇게 다양한 활동이 그 자체로 앞에 놓여 있는 예술 작품들의 주변에서 활발히 일어납니다. 우리는 그 활동을 짤막하게 예술 사업이라고 이름합니다. 이런 이름에는 그 활동의 가치를 떨어뜨리는 의미가 조금도 들어 있지 않습니다. 이런 사업은 예술 작품들 자체로 가는 길을 연결해줍니다. 확실히 그렇습니다 ― 이때 예술 작품들은 예술 작가의 산출 작업과 맺은 관계에서 분리되어 있습니다. 그렇지만 단순히 이런 관계를 간과한다고 해서 지금 우리가 작품의 작품 존재[작품이 작품답게 존재하는 것]를 잘 경험할 수 있게 되는 것은 아직 아닙니다. 왜냐하면 주지하다시피 예술 사업은 작품들을 다시금 어떤 관계 속에, 바로 그것들을 둘러싼 활동과 맺은 관계 속에 있게 하기 때문입니다. 이런 활동 속에서 마주치는 작품은 그것을 관리하고 설명하고 즐기는 예술 사업의 내부에 있는 대상으로 존재하고 있습니다. 그런데 이런 대상 존재 역시 작품의 작품 존재와 동일시되어서는 안 됩니다.

위대한 예술의 작품들 앞으로 우리를 데려가봅시다 ― 예컨대 뮌헨의 박물관에 있는 〈아이기나섬 아파이아 신전의 합각머리 조각 장식〉이나 프랑크푸르트의 [조각 박물관] 리비크하우스에 있는 스트라스부르의 [군주 야콥 폰 리히텐베르크의 연인] 〈배르벨〉의 흉상 앞으로, 또는 소포클레스의 비극 『안티고네』의 영역으로 말입니다. 그 작품들은 그것들이 본래 있던 장소와 공간 바깥으로 옮겨져 놓았습니다. 그것들은 수준이 매우 높고 소위 "작품성"이 매우 뛰어나서 깊은 감명을 줄 수 있습니다. 그러나 그렇다고 해도 그것들은 더 이상 본래적으로 작품답게 존재하지 않습니다. 그것들은 매우 잘 보존되었고 쉽게 이해될 수 있습니다. 아무리 그렇다고 해도 박물관에 옮겨져 놓여 전승과 보존의 영역으로 받아들여진 이상 작품들은 그것들의 세계에서 멀어져버렸습니다. 그런데 우리는 작품들을 그렇게 옮겨놓는 일을 되돌리거나 피하려는 노력도 합니다. 예컨대 파에스툼의 신전이 위치한 장소나 밤베르크의 대성당이 위치한 광장으로 찾아 나설 수 있습니다 ― 하지만 그렇게까지 노력해도 유지된 작품들의 세계는 무너져버렸습니다. 물론 우리는 그 세계를 역사적으로 회고하여 원래 모습대로 재현하고 덧붙여 생각할 수 있습니다. 그러나 멀어진 세계와 무너진 세계는 더 이상 결코 되돌려질 수 없습니다. 물론 우리는 작품을 그 시대의 "표현"으로서 그리고 한 민족이 예전에 지녔던 화려한 권력의 증거로서 경험할 수 있습니다. 우리는 우리의 "장려한 독일 대성당들"에 "감격할" 수 있습니다. 그럼에도 불구하고 ― 세계가 멀어지고 무너짐으로써 작품들의 작품 존재는 부서져버렸습니다.

  예술 사업에서 마주치는 작품의 대상 존재와 예술 작가에 의해 생산된 작품의 존재는 둘 다 작품 존재를 규정할 수 있습니다. 그런데 대상 존재는 작품 존재에서 나온 결과이고, 생산된 존재는 작품 존재의 조건 중 하나입니다. 두 규정은 작품 존재를 완전히 밝히지 못하고, 심지어 — 그 자체로는 — 작품 존재를 바라보거나 그것에 대해 아는 일을 훼방하기까지 합니다.

그런데 작품의 작품 존재를 파악하지 못하는 동안 우리는 예술 작품의 샘에 대한 물음을 충분히 확실한 출발점 없이 묻고 있는 것입니다.

그렇다면 예술 작품의 작품 존재를 규정하는 일은 도대체 왜 그렇게 어려울까요? 왜냐하면 작품 존재는 작품이 자신의 본재에 따라 필연적으로 가질 수밖에 없는 근거를 바탕으로 규정되기 때문이고, 또한 오직 이런 근거만이 작품의 샘이기 때문입니다. 이런 샘은 작품의 생산된 존재의 원인인 예술 작가 속에 들어 있지 않습니다. 예술 작품의 샘은 예술입니다. 예술은 예술 작품이 주어져 존재하기에 있는 것이 아닙니다. 오히려 그 반대입니다. 예술이 벌어지기 때문에, 또 벌어지는 한에서 작품의 필연성이[작품이 필연적으로] 있습니다. 그리고 작품의 필연성은 비로소 예술 작가의 [창작] 가능성의 근거가 됩니다.

일단 이런 주장들은 뒷받침되지 않았습니다. 그것들은 우리를 기이한 처지에 놓이게 합니다. 예술 작품의 샘에 대한 물음은 작품의 작품 존재로부터 출발해야 합니다. 그런데 이런 작품 존재는 샘을 바탕으로 비로소 규정될 수 있거나 이미 규정되었습니다. 우리는 우리가 찾으려 애쓰는 샘을 이미 가지고[이해하고] 있어야 합니다. 그리고 우리가 가지고 있는 것을 우리는 비로소 찾으려[해석하려] 애써야 합니다. 지금 우리는 원을 그리며 움직이고 있습니다. 그렇지만 이런 순환은 언제든지 — 적어도 철학에서는 — 물음을 제대로 제기하고 있다는 신호로 여겨져도 됩니다. 우리는 설명을 끝낼 때야 비로소 [설명을] 시작할 준비를 마칠 것입니다. 이런 어려움은 피할 수 없습니다.

그런데 우리 물음이 그리는 원의 운동을 우리가 함께하기 위해서는 솟음을 행하기만 하면 됩니다. 그리고 이런 솟음은 결국 우리가 캐묻고 있는 바로 그 샘[근원적인 솟음]에 대해 올바로 함께 알기 위한 유일한 방식입니다. 그래서 이런 솟음을 행하기 위해서는 우리가 올바르게 처음으로 솟는 것이 가장 중요합니다. 우리의 성찰 계획에 따르면 그 첫 솟음은 예술 작품의 작품 존재에 대한 충분한 선이해先理解를 얻는 일입니다.

I. 작품으로서 예술 작품

79 이제까지 말한 내용은 작품의 작품 존재를 예술 작가에 의해 생산된 존재 혹은 예술 사업을 위한 대상 존재로 오해하는 것을 방지하기 위한 것이었습니다. 이런 두 규정은 대개 서로 결합되기도 합니다. 그런 오해 속에서 예술 작품은 항상 다른 어떤 것과 관계를 맺고 있으며 그 자체로 이해되지 않습니다. 그런데 과연 우리는 모든 관계에서 벗어난 예술 작품 자체를 파악할 수 있을까요? 그럴 수 있다고 하더라도 언제나 적어도 그 파악 자체가 하나의 관계가 될 것입니다. 이런 원칙적인 물음은 이 강연에서 고려하지 않으려 합니다. 지금 우리의 과제와 관련해서 더 본재적인[핵심적인] 물음은 다음과 같습니다. 작품을 자기 자신이 아닌 다른 것과 맺고 있는 모든 관계로부터 꺼내서 분리하려는[폐쇄하려는] 시도야말로 작품 자체의 본재에 반하는 것은 아닐까요? 물론 그렇습니다. 왜냐하면 작품은 작품답게 드러

나 존재하려 하기 때문입니다. 부연하자면 작품은 나중에 비로소 공개되는 게 아닙니다. 이런 공개가 그저 함께 계획된 것도 아닙니다. 오히려 작품 존재는 개방된 존재를 뜻합니다. 그런데 방금 말한 개방성과 공개성이 가리키는 것이 무엇인지 물어야 합니다. 그것은 예술 사업 속에서 함께 이리저리 떠돌아다니는 관중과 관련이 없습니다. 작품이 열린[개방된] 곳에 나서면서 "가하는 작용을" 받는 것[사람]은 앞에 놓여 있는 무엇인가일 수 없습니다. 앞에 놓여 있는 것에 작품은 고정된 수용자에 마주치는 것처럼 마주칠 수밖에 없습니다. 오히려 개방되어 존재하는 작품은 비로소 자신의 공개성을 실현하도록 작용합니다. "관중"이 주어져 존재하는 곳에서 작품이 "관중"과 맺는 대표적인 관계는 작품이 "관중"을 파괴하는 것입니다. 그리고 이런 파괴력에서 예술 작품의 위대함이 측정됩니다.

물론 열린 곳과 맺는 이런 관계가 작품 존재에 본재적이기는 합니다. 하지만 그 관계Bezug도 작품 존재의 근본 흐름Grundzug에 근거합니다gründet. 이 근본 흐름은 이제 단계적으로 밝혀질 것입니다.

작품에 대해서 그것이 어떻게 해서 그 자체로 자기 자신 곁에 있는지 물어봅시다. 작품은 작동하고[작품에] 있는 한 자기 자신 곁에 있습니다. 그리고 예술 작품은 일으켜 세우며Aufstellung 작동합니다.

우리는 일으켜 세움이라는 이름으로 작품의 작품 존재 속에 있는 한 가지 흐름Zug을 가리키려 합니다. 흔히 사람들은 예술 작품과 관련해서 어떤 작품을 박물관에 소장한다거나 그 작품을 적합한 자리에 진열한다는 의미에서 "설치Aufstellung"에 대해 말합니다. 단순히 진열하고 소장하는 것은 건립을 의미하는 일으켜 세움과 본재적으로 다릅니다. 예컨대 여러분도 잘 아는 제우스를 모시는 신전을 건축하는 것 혹은 아폴론 조각상을 세우고 서게-하는 것 혹은 비극을 공연하는 것은 건립의 의미에서 일으켜 세우는 것입니다. 그런데 비극 공연은 시적인 언어로 된 작품을 민족의 언어 속에 건립하는 데 그치지만은 않습니다.

이런 일으켜 세움은 봉헌하고 찬양하는 건립입니다. 봉헌하는 것은 "성스럽게 하는" 것이고, 성스러운 것을 작품으로서 거기로 옮기면서 성스러운 것으로서 열어젖히고 신을 자신의 현재성現在性의[자신이 현재하고 있는] 열린 곳으로 불러들이는 것입니다. 이렇게 봉헌하는 것과 신의 위엄 및 영광을 기리며 찬양하는 것은 하나가 됩니다. 그 위엄과 영광은 [성스러운 것이] 작품으로서 찬양될 때 열어젖혀집니다. 위엄과 영광은 신과 분리되어 그 옆이나 앞에 있는 속성들이 아닙니다. 오히려 위엄과 영광 속에서 신은 현재합니다[현재적으로 본재합니다].

봉헌하고-찬양하는 건립의 의미에서 일으켜 세움은 언제나 모두 완공[완성해 세움]이기도 합니다. 이런 세움은 건축물과 조각상을 진열하는 것이고, 또 언어의 내부에서 이야기하고 이름하는 것입니다. 그런데 그 반대로 "예술적 생산물"을 진열하고 소장하는 것이 곧 완공하는 건립의 의미에서 일으켜 세움이 되지는 않습니다. 왜냐하면 완공하는 건립을 위해서는 건립되어 일으켜 세워질 작품이 그 속에 이미 일으켜 세움의 본재적 흐름을 가지고 있어야만, 즉 자신의 가장 고유한 내면에서 일으켜 세우고 있어야만 하기 때문입니다. 그런데 우리는 이렇게 본래적인 "일으켜 세움"을 어떻게 해야 파악할 수 있을까요? 그 세움은 작품의 작품 존재를 함께 이루는 두 가지 흐름 가운데 하나입니다.

작품은 그 자체로 하나의 솟아오름입니다. 그때 하나의 세계가 벌컥 열리고, 그 열어젖혀진 세계는 머무르게끔 세워지게 됩니다. 그런데 하나의 세계 — 그것은 무엇일까요? 이 강연에서 세계에 대해 말할 수 있는 것은 가장 엉성한 암시에 불과합니다. 일단 [선입견을] 버리는 일부터 시작하겠습니다. 세계는 앞에 놓여 있는 것들을 모아놓은 것이 아니고, 그것들을 실제로 두루 셌거나 생각만으로 센 결과도 아닙니다. 세계는 앞에 놓여 있는 모든 것을 합한 총체가 아닙니다. 이와 마찬가지로 앞에 놓여 있는 것을 위해 그저 상상되고 덧붙여 생각되었을 뿐인 테두리도 아닙니다. 세계는 세계로서 존재합니다 — 세계는 우리 실존을 둘러싸고 인도하며umleitet 동반하는Geleit 것입니다. 이렇게 동반하는 세계 속에서는 모든 존재자의 느긋함과 조급함, 멂과 가까움, 넓음과 좁음이 우리에게 닫히지 않은 채로 있습니다. 그 세계는 우리가 마주칠 수 있는 대상이 결코 아닙니다. 오히려 그 세계는 우리가 해야 할 것과 해서는 안 될 것을 안내하며 지시들의 얼개 속으로 밀어놓은 채 유지합니다. 그 지시들로부터 신들이 보내는 은총의 눈짓과 비운否運의 괴롭힘이 도래합니다. 그리고 — 찾아오지 않기도 합니다. 이렇게 찾아오지 않는 것도 세계가 세계로서 존재하는 한 방식입니다. 이렇게 안내하며 동반하는 세계는 혼란스러울 수 있고, 그래서 비非세계[부조화]가 될 수 있습니다. 세계든 비세계든 이렇게 안내하며 동반하는 것은 언제나 대상화될 수 없는 것으로 있습니다. 하지만 아무리 그래도 그 세계의 존재 품격은 손에 쥘 수 있도록 앞에 놓여 있는 어떤 것의 존재 품격보다 더 높습니다. 앞에 놓여 있는 것들 사이에서 우리는 일상처럼 고향에 있는 듯 아늑함을heimisch 느낍니다. 그런데 세계는 언제나 서먹서먹한Unheimische 것입니다. 우리는 그 서먹서먹함을 알기 때문에 우리가 알고 있는 것이 무엇인지 알지 못합니다. (그런데 세계는 우리 앞에vor 서 있는steht 대상Gegenstand[마주 서 있는 것]이 결코 아닙니다. 오히려 세계는 비대상Ungegenstand[마주 서 있지 않은 것]입니다. 우리는 세계의 영향 아래에 서 있습니다unterstehen.)

그렇다면 작품다운 작품은 세계를 일으켜-세우는 것, 다시 말해 벌컥 여는 것입니다. 작품은 열어젖혀진 세계를 서 있게, 즉 세계로서 존재하며 머무르게 합니다. 그렇게 일으켜-세우면서 작품은 작동합니다. 넓은 의미에서 예술적 생산물에는 세계를-일으켜 세움이라는 본재적 흐름이 없습니다. 이런 생신물은 예술 작품으로서 존재하지 않습니다. 오히려 그것은 어떤 것에서도 작동하지 않는 예술 제품으로서 공허한 능력만을 보여주고, 어쩌면 어떤 "인상"을 남길지도 모릅니다.

솟아오르는 실다운 작품은 세계를 비워두면서 남겨둡니다. 그때 그 작품 속에서 작동하는 것은 익숙하게 앞에 놓여 있는 것을 물리치는 월등한 것입니다. 모든 작품에서 풍기는 서먹서먹한 것[분위기]은 고립감입니다. 그런 고립감 속에 작품은 ― 오직 자신만의 세계를 일으켜 세우면서 ― 스스로를 되세웁니다. 그런데 오로지 이 외로움 덕분에 작품은 열린 곳을 열어젖히면서 그곳에 솟아나올 수 있고, 자신의 공개성을 실현하도록 작용할 수 있습니다. 그다음에 그 공개된 영역에 포함된 모든 것은 완전히 밝혀질 수 없고-피할 수 없는 분위기에 눌린 것처럼 그렇게 됩니다.

작품은 작품으로서 존재하고, 즉 자신의 세계를 열어젖혀진 채 솟아나도록 합니다. 그러면서 작품은 스스로 자신이 목표로 하는 임무를 비로소 실현하도록 작용하고, 자신이 두루 지배하는 공간을 비로소 마련하고, 자신이 건립되는 장소를 비로소 규정합니다. 봉헌하고-찬양하며 건립하는 일으켜 세움은 솟아오르는 세계를 비워두는 일으켜 세움에 항상 근거합니다. 건립하는 일으켜 세움은 비워두는 일으켜 세움에 걸맞지 않게 있을 수 있습니다. 건립하는 일으켜 세움은 예술적 생산물을 단순히 진열하는 비본재적인 상태로 정체되어 있을 수 있습니다. 그런데 그렇게 건립된 작품은 멀어진 세계와 무너진 세계의 운명에 내맡겨질 수 있습니다. 물론 작품은 여전히 앞에 놓여 있습니다. 하지만 작품은 더 이상 거기에 존재하지 않고 거기에서 벗어나고 있습니다. 그렇지만 작품이 작품으로 존재하고 있다면 이런 떠나 있음은 아무것도 아닌 게 아닐 것입니다. 오히려 벗어남은 앞에 놓여 있는 작품 속에 남아 있을 것입니다. 그렇다면 파편[부분만 남은 작품] 속에도 여전히 벗어남이 있을 것입니다. (반면에 어떤 생산물이 훼손되지 않은 채 유지되더라도 아직 그것이 작품이 되는 것은 아닙니다.)

일으켜-세움Auf-stellung과 함께 작품의 작품 존재에 속하는 것은 제작Herstellung[데려와 세움]입니다. 그런데 우리는 이 강연의 초반에 특별히 예술 작가의 산출 작업을 배제했습니다. 왜냐하면 생산된 존재로부터 작품 존재가 이해되는 게 아니라 거꾸로 작품 존재로부터만 생산된 존재가 이해될 수 있기 때문입니다. 그렇지만 데려와 세움과 산출이 동일한 것을 의미하지는 않습니다. 이 낱말[데려와 세움]로 이름하는 것은 작품 존재 속의 본재적 흐름입니다. 그 흐름을 특징짓기 위해 그 낱말의 친숙한 의미로부터 출발하도록 합시다. "일으켜 세움"을 특징지을 때 그랬던 것처럼 말이지요. 모든 작품은 그것이 존재하는 한에서 돌덩이, 목재, 금속, 색채, 소리, 그리고 언어로부터 제작되었습니다[데려와 세워졌습니다]. 이렇게 제작 중에 이용된 것을 재료라고 합니다. 재료는 형태 속으로 옮겨집니다. 예술 작품을 이렇게 재료와 형태로 나누는 것은 더 나아가 예술 작품을 내용Inhalt, 내실Gehalt, 형체Gestalt로 구분하는 결과를 초래합니다. 재료와 형태라는 규정들은 예술 작품과 관련해 언제나 사용할 수 있습니다. 또한 누구나 쉽게 이해할 수 있으므로 수 세기 전부터 널리 퍼져 사용되어왔습니다. 그럼에도 불구하고 그 규정들은 전혀 자명하지 않습니다. 그것들은 존재자에 대한 매우 편향된 해석에서 유래합니다. 그 해석은 그리스철학이 맞이한 종말의 순간에 플라톤과 아리스토텔레스가 유효하게 한 것입니다. 그 해석에 따르면 모든 존재자 각각은 자신의 형태 속에서 제시되는 고유한 모양을 가집니다. 그런 형태 속에 어떤 존재자가 서 있으려면 그 존재자는 무엇인가[어떤 재료]로부터 무엇인가[어떤 목적]를 위해 제작되었어야verfertigt 합니다. 모든 성장하는 것처럼 그 존재자는 자기 자신이 그 자체로 존재하기 위해 준비를 마칠fertig[제작이 완료될] 수 있습니다. 그 존재자는 제작될angefertigt 수 있습니다. 존재자는 항상 제작되어 앞에 놓여 있는 것으로서 존재합니다. 그렇지만 존재자의Seienden 존재에Seyns 대한 이런 해석은 자명하지 않고, 게다가 예술 작품을 예술 작품으로서 경험한 것에서 얻어진 것도 전혀 아닙니다. 오히려 기껏해야 예술 작품을 제작물로서 경험한 것에서 얻어진 것에 불과합니다. 그래서 [제작물로서의] 작품은 항상 재료와 형태로 나누는 것이 가능합니다. 그런데 그 나눔은 그렇게 가능한 것과 마찬가지로 또 항상 진실한[맞는] 것이 아닙니다. 확실히 그렇습니다. 그 나눔을 통해서는 작품의 작품 존재가 파악되지 않기 때문입니다.

그러니까 우리는 작품의 작품 존재를 우리가 [재료로부터] 데려와 세움이라고 이름한 두 번째 본재적 흐름을 가지고 특징짓습니다. 그렇다고 해서 작품이 재료로 이루어져 있다고 말하려는 것은 결코 아닙니다. 오히려 우리가 말하려는 것은 작품이 작품으로서 존재할 때 데려와-세우면서 있다는 것입니다. 이는 문자 그대로의 의미로 받아들여야 합니다. 그런데 작품 그 자체는 무엇을 데려와 세우고 어떻게 데려와 세우면서 있을까요? 작품은 자신의 세계 속으로 솟아오릅니다. 이와 마찬가지로 돌덩이의 묵직함과 무거움 속에, 금속의 단단함과 광택 속에, 목재의 딱딱함과 유연함 속에, 색채의 명암 속에, 소리의 첫 울림 속에, 낱말의 이름하는 힘 속에 작품은 다시 가라앉습니다. 이 모든 것은 재료에 불과하고 원래부터 재료인 걸까요? 이때 재료란 마침 어딘가로부터 집어 올려져 사용되고 제작 과정에서 소모되고, 그다음에 형태를 얻어서 더 이상 단순한 재료로는 보이지 않게 되어버리는 것을 가리킵니다. 무거움, 광택, 빛남, 울림은 작품 속에서 비로소 출현하지 않나요? 이 모든 것은 "우리가 마음대로 할" 수 있는 재료인 걸까요? 그렇지 않으면 이 모든 것은 바위의 내리누름과 금속의 광택, 나무의 높이 솟음과 유연함, 낮의 밝음과 밤의 어두움, 파도의 쏴쏴 소리와 나뭇가지의 살랑거림이 아닐까요? 어떻게 우리는 이 모든 것을 이름할 수 있을까요? 무엇인가를 제작하기 위한 수단인 재료라고 이름할 수 없는 것은 확실합니다. 이렇게 능가할 수 없는 충만함의 조화를 우리는 대지[흙, 지구]라고 말합니다. 이때 대지는 퇴적된 물질 덩어리나 행성을 의미하지 않습니다. 오히려 대지는 산맥과 바다의 조화, 폭풍과 대기大氣의 조화, 낮과 밤의 조화를 가리키고, 나무와 풀, 독수리와 꿀벌의 집을 가리킵니다. 이런 대지 — 그것은 무엇일까요? 대지는 지속적인 충만함을 펼치지만 그렇게 펼쳐진 것을 항상 자신 속에 다시 받아들이고 간직합니다. 돌덩이는 내리누르면서 자신의 무거움을 내보이고, 그렇게 바로 자신 속으로 물러섭니다. 색채는 빛을 내기 시작하지만 숨은 채로 있습니다. 소리는 울리지만 열리지는[열린 곳에 들어서지는] 않습니다. 열린 곳에 들어서는 것은 바로 이런 숨음이고, 이것이 대지의 본재입니다. 대지의 모든 것은 서로 조화를 이뤄 흐르며 퍼집니다. 하지만 숨는 모든 것은 각각 [다른 모든 것과] 똑같이 스스로를 알지 못합니다.

 작품은 대지를 데려와 세우고, 숨는 대지를 열린 곳에 세웁니다. 작품은 재료와 같은 대지로 이루어진 것이 아닙니다. 오히려 작품은 대지를 버티면서, 즉 대지의 숨음을 견디면서 있습니다. 그렇게 작품은 자신 속에서 대지를 곁에 세웁니다. 그러면서 작품은 자기 자신을 대지 속에 다시 세웁니다. 이때 대지는 작품의 숨는 근거이며, 작품은 그 근거 위에 기초하고 있습니다. 그 근거는 그 본재에서 항상 숨어 있으므로 알 수 없는-근

84

거와 같습니다.

  작품의 작품 존재 속에 있는 두 가지 본재적 흐름은 세계를 솟아오르도록 하며 열어젖히는 일으켜 세움, 그리고 숨는 대지를 다시 엮으며 보존하는 데려와 세움입니다. 이 두 흐름은 작품 자체 속에서 우연히 결합되어 있지 않고 오히려 그 본재적 차원에서 서로 관계하고 있습니다. 그런데 두 흐름은 작품 존재의 본래적인 근본 흐름에 근거하는 동안에만 그 자체로 있을 수 있습니다. 이제 중요한 일은 그 근본 흐름을 이름하는 것입니다.

  작품은 세계를 솟아오르게 하면서 비워두고, 그 열어젖히며 동반하는 세계는 대지를 향하며 어떤 숨은 것이나 막힌 것도 참지 않습니다. 반면에 작품은 대지를 데려와 세우면서 밀려들게 놔두고, 그 숨는 대지는 모든 것을 존재하게 하면서 자신 속에 다시 받아들이기를 욕구합니다. 그런데 바로 그 때문에 대지는 열어젖혀진 세계를 결여해서는 안 됩니다. 그렇지 않으면 대지 자신은 모든 것이 스스로를 내주지 않고 숨은 채 풍부하게 몰려드는 가운데 광채를 발하기 시작할 수 없을 것입니다. 그리고 한편 세계는 대지에서 떠올라 멀어져서는 안 됩니다. 그렇지 않으면 세계는 동반하는Geleit 세계로서 인도될 수 있는Leitbaren 것에게 슬며시 전해질 수 없을 것입니다. 세계는 대지에 대립하고 대지는 세계에 대립합니다. 세계와 대지는 투쟁 중에 있습니다. 그런데 이런 투쟁은 그것들이 마주 향하며 서로에게 긴밀히 속하는 상태입니다. 작품은 세계를 일으켜 세우면서 동시에 대지를 데려와 세우고 이런 투쟁을 투쟁답게 맞붙이는 것입니다. 여기서 맞붙임은 투쟁의 진압이나 해결을 의미하지 않습니다. 오히려 정반대로 투쟁을 그 자체로 견디는 것, 바로 이런 투쟁 자체로 존재하는 것을 의미합니다. 그렇지만 이런 투쟁은 원래 [작품이] 일으켜 세우고 데려와 세울 때 세계와 대지가 우연히 서로 대립하게 된 결과가 아닙니다. 오히려 작품이 그 규정의 근본에서 그런 맞붙임이기에 작품은 투쟁을 자극하면서 보존합니다. 작품 존재의 근본 흐름이 맞붙임이기에 일으켜 세움과 데려와 세움은 이런 존재의Seins 본재적 흐름입니다. 그런데 왜 작품의 존지의Seyns 근본[근거]은 그렇게 맞붙이는 것일 수밖에 없을까요? 이런 특성이 있는 작품의 작품 존재는 무엇에 근거할까요? 이는 예술 작품의 샘에 대한 물음입니다. 투쟁답게 맞붙이는 작품이 어떻게 해서 전적으로 자기 자신 곁에 있는지, 다시 말해 본래적으로 작동하고 있는지를 충분히 입증하자마자 우리는 예술 작품의 샘에 대한 물음을 이어서 묻게 됩니다.

세계와 대지 사이의 투쟁을 투쟁답게 맞붙이는 일은 어떻게 벌어질까요? 대지는 어둡고 억세고 끌어당기며 무겁게 있습니다. 이와 동시에 대지의 모든 것은 연결된 채 몰려들며 빛을 내기 시작하고, 말없이 침묵하고 있습니다. 숨는 대지는 아낌없이 주며 단단하게 있습니다. 이런 단단함은 또 다른 단단함 속에서만 버텨집니다. 그리고 그 다른 단단함은 표면과 정면과 평면에

85

금으로 그어져 이루어진 경계의 단단함입니다. 숨는 것은 열린 곳 안으로 끌어넣어져야hereingerissen[그 금이 그어져야] 합니다. 그때 이렇게 끄는Reißende 것 자체는 금Riß이 될 수밖에 없습니다. 이런 금은 끌어당기는ziehenden[흐르는] 경계와 이음매입니다. 여기에는, 즉 투쟁답게 맞붙이며 존재하는 작품의 근본 흐름Grundzug에는 우리가 "형태"라고 이름하는 그것의 필연성의 [그것이 있을 수밖에 없는] 근거Grund가 들어 있습니다. 우리는 지금 "형태" 그 자체의 샘에 더 가까이 따라가는 대신에 더 절박한 것을 묻습니다. 이렇게 투쟁을 투쟁답게 맞붙일 때 쟁취되는 것은 도대체 무엇일까요?

  작품은 맞붙일 때 대지를 열어젖히며 세계 속으로 밀어놓습니다. 안내하며 동반하는 세계 자체는 대지 속으로 밀고 들어갑니다. 그런데 이렇게 밀고 들어가는 밀어놓음은 작품을 앞으로 밀며 열린 곳을 열어젖힙니다. 이 열린 곳은 다음과 같은 놀이 공간의 중심이 됩니다. 그 공간에서 대지는 세계답게[세계에 붙어] 숨어 있고 세계는 대지답게[대지에 붙어] 열려 있습니다. 작품은 이런 놀이 공간을 열어젖힘으로써 비로소 그 공간의 근거가 됩니다. 이런 놀이 공간은 열린 빈터입니다. 모든 사물과 사람은 그 빈터에 들어서고stehen 그 빈터를 버티게bestehen 됩니다.

  신전 건축품은 신의 형체를 간직하면서 동시에 기둥이 줄지어 늘어선 주랑의 열린 넓은 공간을 통해 그 형체를 어떤 구역으로 나서도록 합니다. 그리하여 그 구역은 비로소 성스러운 구역이 되고 그 근거를 가지게 됩니다. 신전은 세계 속에 솟아오르고 대지 속에 다시 이르면서 빈터[국가]를 열어젖힙니다. 그 빈터에서 민족은 자기 자신에게 눈뜨게 되고, 다시 말해 그 민족의 신이 다스리는 권력의 지배를 받게 됩니다. 대지는 작품을 통해 비로소 세계에 붙게 되고, 그런 대지는 [그 민족의] 고향이 됩니다. 이와 마찬가지로 언어[모국어]로 된 작품 속에서도 이름하며 이야기하는 일이 벌어집니다. 이를 통해 비로소 모든 것의 존재가 낱말로 불리고, 말할 수 있는 것과 아울러 말할 수 없는 것이 세계로 오게 됩니다. 시인이 그렇게 이름할 때는 존재자 전체에 관한 [그 시인의] 민족의 위대한 개념들이 그 민족에게 미리 새겨집니다. 건축품, 이야기로 된 작품, 조형예술품 속에서는 빈터가 쟁취됩니다. 그 빈터는 뿌리를 내린 채 펼쳐지는 중심입니다. 그 중심에서 그 중심을 바탕으로 해서 민족은 스스로가 역사적으로 거주하는 근거를 가지게 됩니다 — 그 민족은 존재자 속에서 고향에 있는 듯한 아늑함을einheimisch 느끼게 되고, 그래서 섬뜩한Unheimlichen 존재를 진지하게 고려하게 됩니다.

작품 존재의 본재는 일으켜 세움과 데려와 세움 사이의 투쟁을 투쟁답게 맞붙이는 것입니다. 그렇게 맞붙이는 가운데 대지와 세계 사이의 열린 긴밀함이 쟁취됩니다.

이렇게 작품의 작품 존재의 본재를 규정함으로써 확보한 입장에서는 예술 작품에 대한 친숙하며 오래된 규정의 진위가 결정될 수 있습니다. 그 규정에 따르면 예술 작품은 무엇인가를 나타내는 것입니다. 물론 사람들은 앞에 놓여 있는 것을 따라 그렸거나 글로 썼다는 의미에서 모방한 것을 작품이라고 하는 견해로부터 점점 벗어났습니다. 그러나 그렇다고 해도 작품을 나타낸 것으로 보는 규정은 전혀 극복되지 않았고 오히려 감추어지기만versteckt 했습니다. 작품은 "볼 수 없는 것을 감각할 수 있게 하는 것"으로 여겨질 수 있고, 아니면 거꾸로 볼 수 있는 것을 상징적으로 표현하는 것으로 여겨질 수 있습니다. 어떻게 여겨지든 간에 항상 그런 규정들 속에는 의문의 여지 없이 받아들여진 어떤 선입견이 들어 있습니다steckt. 그 선입견에 따르면 작품의 근본 활동은 바로 무엇인가를 나타내는 것입니다.

작품 존재를 이렇게 틀리게 해석한 것은 앞에서 일방적으로 성급하게 작품을 제작물로 특징지은 것과 똑같은 원천에서 유래합니다. 그 특징에 따르면 작품은 우선 신발이나 상자와 마찬가지로 형태를 갖춘 재료입니다. 여기서 "우선"이라는 말은 항상 "본래"를 뜻하기도 합니다. 그런데 예술 작품은 그것이 우선 무엇이라고 할 때 그 무엇[형태를 갖춘 재료]을 넘어서서 다른 무엇인가를 더 이야기해야(알로 아고레우에이) 하는 것이기도 해야 합니다. 그래서 그 제작이 완료된 것은 또 다른 무엇인가와 결합되어(쉼발레인) 있습니다. 비유와 상징은 테두리가 되는 관념들을 주고, 매우 다양한 관념들에 따라서 예술 작품은 제작이 완료된 더 월등한 형성물로 규정됩니다.

예술 작품에 대한 이런 생각은 이미 출발점부터 잘못된 것입니다. 그다음에 그 생각은 역시 재료와 형태의 구분에 기반한 여러 규정을 통해서 계속해서 어지러워집니다. 왜냐하면 재료가 감각적인 것과 동일시되기 때문입니다. 감각적인 것은 "예술의 요소"이고, 그 속에서 비非감각적이면서 초超감각적인 것이 나타나게 됩니다. 여기서 재료는 감각적인 것으로 여겨집니다. 그러면 재료는 감각으로 느낄 수 있는 것으로 여겨집니다. 이런 것에는 감각과 그 감각기관을 통해 접근할 수 있게 됩니다. 이런 규정은 재료 자체와 그것이 작품 존재에 속하는 방식에 관해서는 전혀 아무것도 말해주지 않습니다. 게다가 재료라고 추정될 뿐인 것에 접근하는 길[감각]에 대한 이런 규정도 진실하지 않습니다. 물론 돌덩이의 내리누름, 색채의 불투명성, 이어지는 낱말들의 울림과 흐름은 감각 없이는 경험될 수 없습니다. 하지만 오직 감각만을 통해서는 결코 본래적으로 경험될 수 없습니다. 숨는 대지의 충만함은 감각적이기도 하고 비감각적이기도 합니다. 대지를 이렇게 특징짓는 게 무엇인가를 말해준다면 좋겠습니다.

"감각적이다"라는 규정을 도입해도 작품의 작품 존재에서 본재적인 무엇인가를 맞추지는 못합니다. 그 규정과 잘 맞는 규정, 즉 재료로 되어 있다라는 규정이 맞추지 못한 것처럼 말이지요. 그런데 두 규정은 일정한 경계 안에서는 들어맞고 명백합니다. 그래서 곧바로 감각적인 것과 초감각적인 것의 구분은 작품과 예술 일반을 다양한 비유와 상징으로 해석하는 여러 시도를 위한 실마리가 되었습니다. 이미 플라톤에게서 재료는 감각적이면서 동시에 열등한 것으로 여겨집니다. 이에 비해 월등한 것은 비감각적인 이데아입니다. 그의 철학에서 최초로 구분한 재료와 형태는 그를 뒤따르는 서양 전체가 존재자에 대해 취하는 태도의 척도가 됩니다. 그다음에 그리스도교 사상의 영역에서는 때때로 열등한 감각적인 것이 심지어 극복되어야 하는 역겨운 것으로 여겨지기까지 합니다. 그리하여 작품은 감각적인 것을 억누르고 월등한 것으로 끌어올려 작품 속에서 나타나게 합니다. 이제 감각적인 것을 깎아내리는 일이 특별히 행해지는지 또는 행해지지 않는지와 상관없이 항상 작품의 대표적인 활동은 무엇인가를 나타내는 일로 여겨집니다. 그렇지만 예술 작품은 어떤 것도 나타내지 않습니다. 그 이유는 유일하고 간단합니다. 왜냐하면 예술 작품은 자신이 나타내야 할 어떤 것도 가지지 않기 때문입니다. 작품은 세계와 대지 사이의 투쟁을 투쟁답게 맞붙이면서 세계와 대지 각각을 각자의 방식으로 열어젖히며 열린 곳을 최초로 쟁취하는 것입니다. 열린 곳은 틈Lichtung이고, 그 틈의 빛Licht 속에서 존재자는 그 자체로 마치 첫 번째 날처럼 또는 — 이미 일상적이 되어버렸을 때는 — 크게 변화된 모습으로 우리와 마주칩니다. 작품은 어떤 것도 나타낼 수 없습니다. 왜냐하면 근본적으로 작품은 이미 서 있는 대상과 같은 것을 향한 적이 없기 때문입니다. 다만 그 작품은 당연히 예술 작품이어야 하고 예술 작품을 그저 따라 만든 생산물이어서는 안 됩니다. 작품은 결코 나타내지[거기에 세우지] 않고, 오히려 일으켜 세웁니다 — 세계를. 그리고 데려와 세웁니다 — 대지를. 그리고 둘 다를 세웁니다. 왜냐하면 작품은 세계와 대지 사이의 투쟁을 투쟁답게 맞붙이는 것이기 때문입니다. 이런 맞붙임에 힘입어 작품은 작동하고 있습니다. 그냥 작품 자체만이 존재합니다 — 그리고 그 밖의 다른 어떤 것도 없습니다.

자, 그렇다면 작품은 본래 어떻게 존재할까요? 작품은 어떤 종류의 실다움을 갖는 것일까요?

역시 플라톤이 작품의 실다움에 대한 해석의 원동력이 되었습니다. 그의 해석은 그 모습에 여러 차례 변화가 있었음에도 오늘날까지 여전히 지배적입니다. 그에게도 예술 작품을 제작물로 규정하는 선입견이 척도가 되었습니다. 자기 스스로 앞에 놓여 있으며 "자연적으로" 성장하는 것과 달리 사람의 손으로 제작된 것은 언제나 나중에 덧붙은 무엇인가입니다. 그 제작물이 자연물에 뒤따라 지어질 때는 특히 더 그렇습니다. 왜냐하면 이미 자연물도 그 나름대로 플라톤이 "이데아"라고 이름한 앞선 이미지를 똑같이 따라 지은 이미지이기 때문입니다. 제작물은 예술 작품과 마찬가지로 앞선 이미지Vorbild를 똑같이 따라 지은 이미지Abbild에 뒤따라 지어진 이미지Nachbild가 됩니다. 그리고 이데아는 모든 각각의 것이 진실로 무엇이라고 할 때 그 무엇을, 즉 본래적인 존재자를 나타내는 것입니다. 그래서 작품은 그저 뒤따른 울림에 불과하고 본래적으로는 실답지 않은 것입니다. 그런데 플라톤과 달리 사람들은 깎아내려진 작품의 실다움을 어떻게든 되돌리려 시도할 수 있습니다. 그렇다면 작품이 그 감각적 속성과는 다른 비감각적이며 "정신적인" 내실도 나타내는 경우가 제시되어야 할 것입니다. 이런 나타냄 덕분에 예술 작품은 일상에서 손에 쥘 수 있는 어떤 것보다도 더 "관념적", 즉 정신적일 것입니다. 예술 작품은 그 주위로부터 두드러지고 "정신적 숨결에 의해" 둘러싸여 있습니다. 그렇게 예술 작품은 앞에 놓여 있는 것의 실다움[현실]에서 벗어납니다. 작품의 영역은 가상의 영역입니다. 이때 가상을 "엉성한 기만"으로 생각해서는 안 됩니다. 물론 그렇게 생각하기 쉽습니다. 왜냐하면 형태를 갖춘 대리석 덩어리인 조각상이 살아 있는 몸인 것처럼 우리를 속이기 때문입니다. 하지만 진실로 그 조각상은 그저 차가운 돌덩이에 불과합니다. 작품이 가상인 이유는 작품이 나타내는 것이 작품 자체가 아니기 때문입니다. 그런데 작품은 마땅히 가상Schein입니다. 왜냐하면 작품이 나타낼 때 가상은 비감각적이며 정신적인 것을 출현Vorschein시키기 때문입니다.

    작품의 실다움에 대한 이런 해석들에서 실다움은 어떤 실답지 않음에서 다른 실답지 않음으로 바뀝니다. 작품은 때로는 아직 앞에 놓여 있는 것만큼 실답지 않고, 때로는 더 이상 그것처럼 실답지 않습니다. 두 경우에서 모두 앞에 놓여 있는 일상적인 것이 진실하게 실다운 것이고, 척도가 되는 것으로 있습니다. 이런 실다움에 비추어 보면 예술 작품은 이렇게 혹은 저렇게 해석되든지 간에 항상 실답지[실재하지] 않습니다. 하지만 이 모든 것과 정반대되는 것이 진실입니다. 신전은 산언덕이나 바위산들 사이의 분지에 우뚝 솟아 있습니다. 조각상은 성스러운 구역에 서 있습니다. 어쨌든 이런 작품들도 그 밖의 많은 것 사이에, 즉 바다와 땅, 원천과 나무, 독수리와 뱀 사이에 앞에 놓여 있는 것입니다. 게다가 신전과 조각상은 모든 것이 현상하는 트인 놀이 공간 속에서 중심을 차지하고 있습니다 ─ 신전과 조각상은 그 모든 것보다 더 실답습니다. 왜냐하면 그 모든 것은 작품을 통해 쟁취된 그 열린 곳에서 비로소 존재하는 것으로서 제시될 수 있기 때문입니다. 횔덜린의 시는 ─ 비록 거의 아무도 예감하지 못했지만 ─ 모든 연극, 영화, 서투른 운문보다 우리 [독일] 민족의 언어 속에 더 실답게 서 있습니다. 그리고 예컨대 서점이나 도서관이 있는 건물들보다 더 실답게 서 있습니다. 서점과 도서관에서는 손에 쥘 수 있는 그의 선집의 권호卷號가 발견됩니다. 이 모든 것보다 더 실다운 것은 그의 시입니다. 왜냐하면 시 속에는 독일인들이 아직 가보지 않은 세계와 대지의 중심이 그들을 위해 준비되어 있고 위대한 결정들이 남겨져 있기 때문입니다.

 작품은 앞에 놓여 있는 것이나 본래적이라고 추정될 뿐인 실다운 것과 결코 비교될 수 없고, 오히려 작품은 스스로 존재자와 비非존재자[존재하지 않는 것]를 판정하는 척도입니다. 이것

90

이야말로 작품 존재의 가장 고유한 본재입니다. 따라서 동시대적인zeitgemäßen[시대에 적합한] 예술 작품은 없습니다. 오히려 작품 스스로에 적합하게gemäß 자신의 시대Zeit를 만들고 크게 변화시키는 방식으로 작동하는 작품만이 예술의 작품입니다.

작품은 그 밖의 다른 모든 존재자보다 더 실다운 것입니다. 그런 작품은 역사적인 현-존재[빈터-존재]의 빈터를 열어젖히는 중심입니다.

모든 예술 작품이 지닌 그 외로움[하나로 있음]은 투쟁을 투쟁답게 맞붙이는 예술 작품이 자신의 세계 속으로 솟아오르면서 자신의 대지 속으로 되돌아와 쉬고 있다는 신호입니다. 예술 작품이 거기에 서 있는 것은 삼가면서 신중하게 자신 속에 되돌아와 서 있는 것입니다. 그렇지만 이는 작품이 평범한 실다움[현실]으로부터 바깥으로 꺼내어졌단 뜻이 아닙니다. 그런 것은 불가능합니다. 왜냐하면 작품은 바로 이런 실다움을 흔들고 반박하면서 그 실다움 속으로 밀고 들어왔기 때문입니다. 그런데 작품은 사람들이 "작용"이라고 이름하는 것을 점점 더 많이 가하게 됩니다. 그럴수록 작품은 더욱더 고립된 채로 있을 수 있어야 합니다. 작품에 이런 힘이 없다면 그것은 예술의 작품[작동]이 아닐 것입니다.

작품의 작품 존재에 대해 이제까지 엉성하게나마 조금 언급한 것은 그 존재를 멀리서부터 가리키려 한 것이었습니다. 이와 함께 작품으로서의 예술 작품에 대한 선이해를 얻는 게 중요했습니다. 예술 작품의 샘에 대한 물음을 묻는 길에서 한 걸음을 내디디려 하는 지금 그 선이해가 우리를 인도할 것입니다.

II. 작품의 샘으로서 예술

우리는 세계와 대지 사이의 투쟁을 투쟁답게 맞붙임을 작품의 작품 존재 속에 있는 근본 흐름으로 특징지었습니다. 이런 특징은 우리가 다음과 같이 묻도록 재촉했습니다. 왜 그런 맞붙임은 예술 작품의 본재일까요? 지금까지 미루어놓았던 이 물음을 이제 다시 물어봅시다. 선이해에 따르면 그 대답은 다음과 같습니다. 작품이 "그[대표적인]" 예술의 작품으로 존재하기 때문에, 또 그렇게 존재하는 한에서 작품의 작품 존재는 투쟁답게 맞붙이는 근본 흐름을 가집니다. "그" 예술이라고요? 그것은 어디에 그리고 어떻게 있을까요? 그런데 "그" 예술은 언젠가 그리고 어딘가에서 그 자체로 있는 것일까요? 그렇지만 우리가 "그" 예술이 있는지 없는지 그리고 있다면 어떻게 있는지를 묻기 전에, 도대체 "그" 예술이 무엇인지부터 선명하게 이해하는 게 중요합니다. "그 예술"이라는 낱말은 예술 사업에서 발견되는 모든 것을 포함하는 공허한 집합명사로만 항상 남아 있는 것일까요? 그렇지 않으면 "그 예술"은 그냥 언제나 작품 자체일 뿐일까요? 둘 중에 어떤 것도 아닙니다. 주지하다시피 우리는 이제 더 이상 "예술이 무엇인가?"라는 물음을 공허하게 제기하지 않습니다. 우리는 다음과 같이 묻습니다. 작품의 작품 존재의 근거는 무엇일까요? 그러면서 우리는 [작품이 세계와 대지 사이의 투쟁을] 투쟁답게 맞붙일 때 본래적으로 일어나는 것을 찾으려 애씁니다. 중요한 물음은 다음과 같습니다. 작품 속에서 처음이자 마지막으로 작동하는 것은 무엇일까요? 이렇게 물으면서 우리는 우리가 원을 그리며 움직이고 있다는 것을 압니다.

작품은 — 자신 곁에 남아 있으면서, 즉 자신 속에 물러서 있으면서 — "거기[빈터]"를 열어젖힙니다. "빈터"는 열린 곳의 중심이고, 그곳의 틈 속에는 존재자가 그 자체로 들어서며 드러납니다. 그 열린 곳은 숨는 대지뿐만 아니라 벌컥 열리는 세계도 함께 포함합니다. 숨는 대지는 열린 곳에 들어섭니다. 세계는 막힘없어지고 대지는 숨습니다. 그런데 열린 곳에서 그렇습니다. 스스로를 막아 감추는Sich*ver*bergenden 것과 스스로의 막힘을 없애는Sich*ent*bergenden 것 사이의 열린 맞선 투쟁은 이렇게 긴밀합니다. 그리고 이런 투쟁이 벌어지는 동안 이제까지 실다운 것으로 여겨진 것은 비존재자로 개방됩니다. 이제까지 존재자를 덮고 방해하고 왜곡하는 일이 지배해왔다는 사실이 밝혀지게, 다시 말해 열리게 됩니다. 그렇게 투쟁답게 맞붙일 때 벌어지는 것은 막힘없는 것과 막힘[막혀] 있는 것 사이의 열린 맞선 투쟁이 열어젖혀지는 일이고, 즉 덮음과 방해로부터 벗어나는 일입니다 — 이런 벌어짐의 내부는 [투쟁하는 것들로] 엮여 있습니다. 이는 우리가 진실이라고 이름하는 것의 벌어짐입니다. 왜냐하면 진실의 본재는 명제와 [명제가 가리키는] 사태의 일치가 아니고, 오히려 진실은 존재자 그 자체의 열림의 열어젖혀짐이라는 근본적 벌어짐이기 때문입니다. 따라서 진실에는 그 본재에 적합하게 덮음, 방해, 왜곡이 속하고, 그와 마찬가지로 막힘 있는 것과 막힘(비밀)도 속합니다 — [진실에는] 비-진실이 속합니다.

작품 그 자체 속에서는 진실의 벌어짐이 작동합니다. 다시 말해 진실이 작품 속에서 작동하게 놓여 있습니다. 진실의 작품-속에-작동하게-놓음은 예술의 본재입니다. 항상 곰곰이 생각되어야 할 진실은 여기서 이런저런 하나의 진실, 즉 낱개의 진실한 것을 가리키지 않습니다. 예컨대 어떤 하나의 [진실한] 생각이나 명제를 가리키지 않고, 또 가령 작품을 통해 "나타나게" 되는 어떤 [진실한] 이념이나 가치를 가리키지도 않습니다. 오히려 진실[진실함]은 진실한 것의 본재, 즉 모든 열린 것의 열림을 가리킵니다. 물론 이런 설명으로 우리는 작품 존재에 바탕을 둔 예술의 본재에 대한 첫 번째 암시만을 얻었을 뿐입니다. 예술 속에서 벌어지는 진실은 존재자의 개방됨입니다. 그런데 예술이 작품의 샘이라는 점, 그리고 어떻게 해서 예술이 작품의 샘이 되는지는 여전히 입증되지 않았습니다. 선이해에 따라 우리는 샘을 근거라고 이름합니다. 샘은 작품의 작품 존재의 필연성Notwendigkeit을[작품이 필연적으로 존재하도록] 강요하는ernötigt 근거입니다.

예술은 진실의 작품-속에-작동하게-놓음입니다. 그렇다면 사정은 다음과 같을 수 있습니다. 한편에는 작품이 앞에 놓여 있고, 다른 한편에는 진실이 있습니다. 그리고 진실은 예술을 통해 작품 속에 옮겨져 심어지게 됩니다. 그러나 사정은 전혀 그렇지 않습니다. 왜냐하면 작품은 진실에 앞서 이미 있는 것이 아니고 또 진실은 작품에 앞서 이미 있는 것이 아니기 때문입니다. 오히려 작품이 작품이zum Werk[작동하게] 되면서 진실은 벌어집니다. 그런데 ― 결정적 역할을 하는 물음은 다음과 같습니다 ― 진실이 벌어지기 위해서는 왜 작품이 작동하게 되어야 할까요?

진실은 비로소 작품과 함께 그리고 작품 속에서 작동하게ans Werk[작품으로 오게] 됩니다. 작품보다 먼저 어딘가에 앞서 놓여 있던 것이 아닙니다. 그렇다면 분명 진실은 생성되는 것이어야 할 것입니다. 어디에서 존재자의 열림의 열어젖혀짐이 새어 나올까요? 혹시 무無[아무것도 없는 상태]에서 새어 나올까요? 작품은 이제까지 진실로 존재하는 것처럼 추정된 앞에 놓여 있는 것을 반박하고 흔듭니다. 무無존재자[존재자가 없는 상태]가 그렇게 흔들린 상태를 가리킨다면, 존재자의 열림의 열어젖혀짐은 실제로 무에서 새어 나올 것입니다. 그 앞에 놓여 있던 것으로부터는 결코 진실이 드러날 수 없습니다. 오히려 존재자의 열림이 벌어지려면 그 열림이 설계되어야, 즉 시로 지어져야 합니다. 모든 예술은 그 본재에서 시로 짓는 것입니다. 다시 말해 모든 것이 평소와 다르게 존재하게 되는 열린 곳을 깨서 여는 것입니다. 시로 짓는 설계에 힘입어 이제까지 [존재한] 그 밖의 다른 것은 비존재자가 됩니다. 시 짓기는 방랑하며 임의적인 것을 꾸며내는 일도 아니고, 실답지 않은 것 속으로 천천히 사라지는 일도 아닙니다. 설계하는 시 짓기가 구별하면서 열어젖히는(앞서 던지는) 것은 열린 곳입니다. 그곳은 존재자를 그 자체로서 비로소 들어오게 하고 빛을 내게 합니다.

설계할 때, 즉 시로 지을 때 진실은 열림으로서 벌어집니다. 예술은 진실의 작품-속에-작동하게-놓음이고 그 본재에서 시 짓기입니다. 그렇지만 건축예술, 조형예술, 음악 예술의 기원을 "포에지"라는 의미의 시에서 찾는 것은 너무 자의적이지 않을까요? 우리가 방금 언급한 "예술들"을 언어 예술의 관점에서 그 변종으로 해석하려 한다면 그런 식으로 기원을 찾을 수 있을 것입니다. 그렇지만 "포에지"를 뜻하는 언어 예술도 설계의 한 가지 방식에 불과합니다. 이때 설계는 방금 말한 넓은 의미에서 시 짓기입니다. 그럼에도 불구하고 언어로 된 작품, 즉 좁은 의미의 시 짓기는 예술 전체 가운데서 탁월한 위치에 있습니다. 사람들은 예술 작가들과 그들의 작품에서, 예컨대 건축품과 조형예술품에서 언제나 "스타일[형태 언어]"을 보곤 합니다. 왜 건축품에서 "언어"를 볼까요? 자, 주지하다시피 언어는 "표현"입니다. 그리고 주지하다시피 예술도 그야말로 "표현"입니다. 그리고 그 때문에 모든 예술은 "언어"입니다. 그리고 언어로 된 예술은 "시"라고 불립니다. 그래서 모든 예술은 시가 됩니다. 예술의 본재를 시 짓기로 규정한 것을 이렇게 "설명하는" 것은 그 본재를 가장 엉성하게 오해하는 것이 될 수 있습니다. 이런 "설명"에 근거가 없다는 것을 증명하면 예술이 시 짓기라는 명제의 진정한 의미가 명료하게 드러날 것입니다.

먼저 예술을 표현으로 규정하는 게 들어맞는다고 시인해봅시다. 예술이 표현이다라는 견해는 오토바이가 소음을 내는 무엇인가이다라고 하는 서술문과 마찬가지로 반박할 수 없습니다. 이 기계의 본재를 이렇게 규정하면 모든 기술자는 웃음을 터트릴 것입니다. 그런데 사람들이 오래전부터 예술을 "표현"이라고 둘러서 말해왔을 때는 아무도 웃지 않았습니다. 확실히 아크로폴리스는 그리스인들의 표현이고, 나움부르크의 교회는 독일인들의 표현이고, [양 울음소리] 음매는 — 양의 표현입니다. 주지하다시피 예술 작품은 그야말로 특별한 표현입니다. 다시 말해 고유한 음매입니다 — 다분히 그렇습니다. 그런데 작품은 그것이 표현이기 때문에 작품인 게 아닙니다. 오히려 그것은 작품이기 때문에 표현입니다. 그러니까 작품 존재를 규정할 때 작품을 표현으로 특징지은 것은 아무 도움이 되지 않고, 게다가 이런 설명은 작품의 존지에 대한 모든 진정한 물음을 이미 방해하고 있습니다.

예술을 표현으로 특징지은 것은 더할 나위 없이 들어맞지만 그 본재는 놓치고 있습니다. 그런데 표현은 언어의 특징조차 될 수 없습니다. 물론 언어는 소통의 용도로, 즉 상의나 협의의 용도로 쓰입니다. 그런데 언어란 전달되어야 할 것을 음성이나 문자로 표현한 것에만 국한되지 않고, 원래 그런 것도 아닙니다. 이때 전달되어야 할 것은 진실한 것과 진실하지 않은 것, 다시 말해 개방된 것으로서 개방된 존재자와 방해받은 것으로서 방해받은 존재자입니다. 언어는 개방된 것을 전달하거나 비로소 그것을 계속해서 나르는 것에 그치지 않습니다. 오히려 본래 언어의 본재는 최초로 존재자를 존재자로서 열린 곳에[채로] 끌어올리는 것이었습니다. 언어가 없는 곳에는, 예컨대 돌덩이, 식물과 동물의 곁에는 존재자의 열림도 없습니다. 그래서 그곳에는 무존재자와 비존재자의 열림도 없고, 공허함[비어 있음]의 열림도 없습니다. 언어가 모든 것을 최초로 이름합니다. 이런 이름함은 존재자를 비로소 낱말로 부르고 현상하게 합니다. 이렇게 이름하며 이야기하는 것은 설계하는 것입니다. 그렇게 설계할 때 존재자가 무엇으로서 열려 있는지가 알려집니다. 또한 이렇게 설계하며 알리는[이야기하기를 시작하는] 것은 모든 불투명한 혼란스러움을 거절하는[이야기하기를 멈추는] 것이기도 합니다. 설계하며 이야기하는 것은 시로 짓는 것입니다. 에컨데 세계와 대지에 관한 이야기[신화], 그 이야기 속에서 신들이 왔다가 떠나가는 놀이 공간에 관한 이야기가 있습니다. 이런 이야기가 근원적인 언어이고, 한 민족의 근원적인 시입니다. 그 시 속에서 그 민족에게는 자신의 세계가 자라나고, 그 민족의 대지는 자신의 대지로서 숨기 시작합니다. 시 짓기는 언어의 본재입니다. 오직 이런 본재에 따라서 언어가 "표현"이 될 수도 있는 것입니다. 그런데 예술과 예술 작품은 일종의 언어가 아닙니다. 오히려 거꾸로 예술이 시 짓기이기 때문에 언어로 된 작품이 예술의 근본 형체인 것입니다. 좁은 의미의 시 짓기, 즉 포에지가 예술(넓은 의미에서의 시 짓기)의 근본 형체로 남아 있는 이유는 다음과 같습니다. 특히 시로 지어 이야기할 때 사람의 삶 일반에 그 열린 곳이 설계되어 귀속되기 때문입니다. 그곳에서 존재자는 존재자로서 펼쳐지고 보존됩니다. 시로 지어 이야기하는 것[포에지]과 달리 건축예술이나 조형예술은 늘 이미 신화와 이야기로 열린 곳에서만 벌어집니다. 바로 그 때문에 두 예술의 방법은 결코 언어가 될 수 없고, 오히려 각각이 나름대로 [언어를 가지고] 시로 짓는 것입니다.

  그런데 시 짓기의 본재를 설계로 설명한다고 해서 그 본재가 완전히 밝혀지는 것은 아닙니다. 예술을 뜻하는 시 짓기의 온전한 본재를 보지 않는다면 우리는 진실의 생성도 파악할 수 없을 것입니다. 특히 우리는 도대체 왜 작품과 같은 무엇인가가 진실의 생성을 위해 필연적인지를 이해하지 못할 것입니다. (작품의 필연성의[작품이 있을 수밖에 없도록 하는] 근거는 언제나 작품의 샘Ursprung[근원적인-솟음]입니다.)

시 짓기의 온전한 본재가 출현하는 문장은 다음과 같습니다. 시 짓기는 ― 예술의 본재本在는 ― 존지의 설립입니다. 그러니까 [시 짓기는] 존재자의 산출이 아닙니다. 우리는 존지存在를 따라서 존재자를 존재자存在者라고 이름합니다. 그런데 존재자와Seienden 다른 존지Seyn는 무엇을 뜻할까요? 거기 있는 존재자, 즉 오르간을 우리는 파악합니다. 예컨대 고양이와 다른 것으로 파악합니다. 오르간은 존지합니다. 그런데 이런 존지를 우리는 파악하기 어렵습니다. 그런데도 우리는 오르간이 존지하며 존지하지 않는 게 아니란 것을 확신하고 있고, 또 마찬가지로 그것이 오르간이지 고양이가 아니라는 것을 알고 있습니다. 그런데 우리는 이미 오르간과 고양이를 선호하고 있고 존지를 철학자들에게 넘깁니다. 물론 이런 태도는 매우 상식적이고 우리 삶과 가까운 것입니다. 그러나 존지보다 우리에게 더 가까운 것이 있을까요? 존지가 없다면 오르간과 고양이 그리고 그 밖의 다른 모든 것이 "존지할" 수 있겠습니까? 주지하다시피 존지는 그것이 아무리 파악될 수 없다고 할지라도 결코 단순한 낱말일 수 없습니다. 이런 존지가 단순한 낱말로 남지 않게끔 우리가 임시방편으로 따를 수 있는 지침은 다음과 같습니다. 우리는 앞서 거듭해서 언급한 열림, 즉 시로 지으며 설계할 때 나타나는 열림을 파악할 때 존지와 그 개념을 예감해야 합니다. 존지는 존재자가 그 자체로 그것답게 우리에게 언제나 열린 동시에 막힌 채 존직함입니다. 존재자가 그 자체로 존직할 수 있는 것은 우리가 존직에 대해 본재적으로 존직하는 것 덕분입니다.

존직가 어떤 본재를 가지는지 곧바로, 가령 한 문장으로 말하려는 것은 이미 이런 본재를 오인하는 것입니다. 결코 존직는 이런저런 앞에 놓여 있는 존재자처럼 내놓아 제시될 수 없습니다. 바로 그 때문에 존직의 설립이 필요합니다.

설립은 그 속에 통일된 세 겹의 의미를 포함하고 있습니다. 먼저 설립은 선물하는 것, 즉 자유롭게[대가 없이] 주는 것입니다. 그다음에 설립은 무엇인가를 근거 위에 놓는 건립하는 것, 즉 [무엇인가의] 근거를 두는 것입니다. 그리고 마지막으로 설립은 무엇인가를 일으키는 것, 즉 시작하는 것입니다. 시로 짓는 예술을 존직의 설립이라고 이름한다면 우리는 선물, 근거, 시작을 식별하여 들으면서 통일적으로 이해해야 할 것입니다.

그런데 자유롭게 주며 선물하는 설립은 바로 앞서 이미 시짓기의 특징으로 언급된 것입니다. 즉 설립은 "평소와 다른" 열린 곳을 설계하는 것입니다. 이런 설계가 자유롭게 주는 무엇인가는 그 밖의 다른 것이나 앞에 놓여 있는 것으로부터 결코 나타날 수 없는 것입니다. 또한 그 무엇인가에는 앞에 놓여 있는 것을 통해 메워질 수 있는 부족함도 전혀 없습니다. 설계는 선물하는 설립입니다. 이제 근거와 시작으로서의 설립은 무엇을 의미할까요? 그리고 그렇게 이름한 것은 본재적 차원에서 어떻

96

게 설계와 하나가 될까요?

진실은 열림이고, 항상 빈터의 열림입니다. 빈터 속으로 모든 존재자와 비존재자가 들어서고, 또 빈터로부터 스스로를 숨기면서 물러섭니다. 그렇게 "빈터" 자체는 이 어두운 구렁텅이[알 수 없는 근거]와 같은 곳에 깊게 뿌리를 내리고 있습니다. 그렇지만 이런 "빈터"는 — 어떻게 존재할까요? 이런 "빈터Da"가 존재하게sein 하는 일을 누가 감당할까요? 그 대답은 사람[Dasein] 입니다 — 그 사람은 개인이 아니고, 공동체[의 일원]도 아닙니다. 사람이 존재하는 이 두 가지 방식이야말로 사람이 이미 빈터를 감당하고 있을 때만 가능할 것입니다. 사람이 빈터를 감당하는 것은 존재자와 비존재자로서의 존재자의 중심에 서 있는 것이고, 다시 말해 존지 그 자체를 향해 서 있는 것입니다. 이렇게 빈터를 존재하게 하는 방식을 우리는 역사[벌어짐]라고 이름합니다. 사람은 빈터를 존재하게 하고, 다시 말해 역사적으로[벌어지며] 존재합니다. 그러면서 사람은 민족이 됩니다. 시로 지으며 설계할 때는 단순히 "평소와 다른" 것이 열어젖혀지는 것이 아닙니다. 오히려 열림은 항상 빈터의 열림으로 있기에 빈터에 또는 빈터를 존재하게 하는 사람에게 앞서 던져진 것이 됩니다. 다시 말해 시로 지으며 설계하는[밑그림처럼 던지는] 일은 역사적인 빈터-존재Da-sein를 향해 던져지게 됩니다. 빈터가 열린 채로 존재할 수 있으려면 빈터가 역사를 바탕으로 감당되고 버텨져야만 합니다. 이때 역사란 [민족을 자신에게] 맞게 주어진 것[사명] 속으로 밀어놓으면서 [민족이 자신에게] 공통으로 주어진 것[유산]을 보존하는 일을 말합니다. 빈터가 존재할 수 있으려면 빈터를 존재하게 하는 일을 민족이 감당해야만 하고, 즉 민족이 역사적이 되어야만 합니다. 이런 빈터 자체는 일반적인 빈터인 적이 없고, 언제나 각 민족의 빈터이고 그 민족의 유일한 빈터입니다. 민족은 늘 이미 자신의 빈터에 던져졌습니다(대표적 시인 횔덜린). 그런데 이렇게 향해 던져지려면 그것[설계]이 정말 진실로 시 짓기가 되어야 합니다. 그런데 설계가 시 짓기이면 그 향해 던져짐은 그저 임의로 부당하게 요구된 것이 될 수 없을 것입니다. 오히려 그 던져짐은 역사적인 사람[현존재]이 이미 던져진 곳의 열어젖힘이 될 것입니다. 한 민족이 던져진 곳은 항상 대지, 즉 그 민족의 대지입니다. 대지는 숨는 근거이고, 던져진 빈터는 그 근거 위에 기초하고 있습니다. 설계는 그 본재에서 향해 던져짐입니다. 이런 설계[디자인]가 디자인할[처음으로 던질]*entwirft* 수 있으려면 그 디자인은 자신의 열린 곳을 막힌 근거로부터 길어 올려야만 합니다. 즉 설계할 때 [그 민족에게] 맞게 주어진 것의 근거는 [그 민족에게] 공통으로 주어진 규정이어야만 합니다. 그 규정은 막혀 있으므로 막힘이 없어져야 하는 것입니다. 설계할 때는 "평소와 다른" 것이 열린 곳에 들어섭니다. 그런데 근본적으로 봤을 때 이 다른 것은 낯선 것이 아니라 이제까지 막혀 있던 것, 즉 역사적 실존의 가장 고유한 것에 불과합니다. 설계는 평소와 다름없는 기존의 것에서 유

97

래하지 않는 이상 무無로부터 나옵니다. 반면 향해 던져지는 설계는 무로부터 나오는 게 아닌데, 그 이유는 막힌 채로 유보되어 있던 사명을 길어 올리고, 그 사명을 근거로서 놔두고, 특별히 그 사명의 근거를 두기 때문입니다. 설립은 선물하는 설계이고 동시에 본재적 차원에서는 이렇게 근거를 두는 것이기도 합니다. 열림이 빈터의 열림이 될 수 있으려면, 다시 말해 진실이 그 자체로 벌어질 수 있으려면 설계는 근거를 두는 것이어야만 합니다. 그런데 설계는 숨는 대지에 응함으로써 근거를 두고 있습니다. 숨는 대지는 열린 곳에 와야 합니다. 부연하자면 대지는 숨는 것으로서, 다시 말해 설계된 세계와 맞서는 것으로서 와야 합니다. 시로 짓는 예술은 설계하며 근거를 두는 설립입니다. 그 때문에 예술은 열림을, 다시 말해 진실을 설립하고 놓아야 합니다. 그러면 진실은 대지와 세계 사이의 맞선 투쟁을 투쟁답게 맞붙이는 것 속으로 들어오게 됩니다 — 그리고 그것은 작품입니다. 진실은 빈터의 열림으로서만 벌어집니다. 즉 진실은 작품 속에서만 작동하게 됩니다. 예술의 본재는 존재의 설립이고, 작품의 필연성의 근거입니다. 작품의 존재는 작품이 산출된 존재자로서 앞에 놓여 있는 데에 있지 않습니다. 오히려 작품이 투쟁을 투쟁답게 맞붙이면서 열린 빈터를 실현하도록 작용하는 데에, 그리고 사람이 존재를 역사적으로 감내하도록 하는 데에 작품의 존재가 있습니다. (주지하다시피 그 때문에 작품은 자신의 존재를 돋보이게 하는 흐름을 가집니다. 그 흐름에 따라 작품은 솟아오르면서 그 자신 속에 되돌아와 서고, 그저 앞에 놓여 있을 뿐인 모든 것으로부터 물러섭니다.)

예술의 본재는 예술 작품의 샘입니다[본질적으로 존재하는 예술에서 예술 작품이 샘솟습니다]. 예술은 작품들이 주어져 존재하기에 있는 게 아닙니다. 오히려 예술이 있을 때, 또 예술이 존재하는 한 작품은 존재할 수밖에 없습니다. 그런데 도대체 왜 그리고 무엇을 위해 예술은 존재할 수밖에 없을까요? 예술의 본재는 생각의 작업을 통해 진실을 개념으로 말하는 데에 있지 않고, 본재적인 실천을 통해 진실을 행동이나 태도로 드러내는 데에 있지도 않습니다. 오히려 예술의 본재는 진실을 작품 속에 작동하게 놓는 데에 있습니다. 예술은 자신의 방식으로 진실이 샘솟아 나오도록 합니다. 예술은 샘솟아 나오도록 함, 즉 샘입니다. 예술은 그 가장 깊은 본재에서 샘이고, 오직 샘일 뿐입니다. 예술은 이전에 다른 무엇인가였다가 나중에 샘이 되기도 하는 것이 아닙니다. 오히려 예술은 그 본재에서[예술은 본재할 때] 진실을 샘솟아 나오도록 함이기에 작품의 필연성의 근거이기도 합니다. 예술이 작품의 가능성과 필연성을 위한 근거의 샘이자 의미일 수밖에 없는 이유는 예술이 "근원적인[샘솟는다는]" 의미에서 샘이기 때문입니다.

그런데 과연 진실은, 즉 빈터의 열림은 예술의 샘에서 샘솟아 나오는 방식으로 벌어질 수밖에 없는 것일까요? 물론입니다. 왜냐하면 진실은 존재자의 열림이면서 동시에 항상 대지의 막힘

98

있음과 숨어 있음이기도 하기 때문입니다. 진실은 본재적으로 대지답게 있습니다. 그런데 예술로부터 [존재하도록] 강요를 받은 작품은 — 그리고 오직 그런 작품만이 — 숨는 대지를 설계된 세계와의 투쟁 속에 세우는 샘입니다. 그래서 작품은, 다시 말해 예술은 필연적으로 진실의 벌어짐입니다. 예술 작품의 필연성[필연적인 예술 작품]의 가장 많이 막힌 근거는 그 작품의 가장 본래적인 샘입니다. 이런 근거는 진실 자체의 본재입니다. 진실이 벌어지려면 geschehen, 다시 말해 역사 Geschichte가 존재하려면 작품이 존재해야만 합니다. 다시 말해 존지를 설립하는 예술이 존재해야만 합니다.

왜냐하면 설립은 자유롭게 주는 설계이고 숨은 근거를 길어 올려 근거를 두는 것일 뿐만 아니라 또한 시작이기도 하기 때문입니다. 설립은 샘을 일으킵니다. 그런데 샘은 솟음으로서만 시작할 수 있습니다. 예술의 시작은 매개되지 않은 직접적인 것입니다. 이런 직접성은 시작이 가장 오랫동안 그리고 가장 많이 막힌 채 준비되어온 것이란 점을 배제하지 않으며 오히려 포함합니다. 시작하는 솟음은 항상 먼저 솟음입니다. 먼저 솟을 때 [시작은 그 시작을 뒤따르며] 올 모든 것을 이미 솟아[뛰어] 넘었습니다. 물론 [그런 시작은] 여전히 감싸여 있습니다. 시작은 원시적이라는 의미에서 초보적인 것을 뜻한 적이 없습니다. 주지하다시피 원시적인 것이 초보적일 수밖에 없는 이유는 그것이 자신을 뒤따르는 어떤 것도 내보낼 수 없기 때문입니다. 물론 시작은 항상 시초답습니다. 궁핍하게 실현되어서가 아니라 시작 속에 충만하게 숨어 있기 때문입니다. 모든 샘이 그 시작을 가지는 것처럼 모든 시작도 자신의 출발점을 가집니다. 그 출발점은 앞서 발견된 것이고, 거기에서는 항상 갑작스러운 시작에 시동이 걸립니다. 출발점이 바로 이런저런 출발점이 되기 위해서는 어떤 동기動機가 있어야 합니다. 그리고 그 동기는 항상 우연입니다. 즉 그 동기는 시작이 벌컥 열리는 영역에, 즉 시작의 밝은 곳에 우연히 있습니다. 시작은 샘의 솟음이고, 그런 샘에서는 진실이 존재자의 열림으로서 샘솟아 나옵니다. 이런 일이 벌어지는 곳에서 역사가 시작합니다. 어떤 민족의 예술이 시작하는 것은 항상 그 민족의 역사가 시작하는 것입니다. 그리고 종말과 관련해서도 마찬가지입니다. 따라서 역사 이전의 예술은 주어져 존재하지 않습니다. 왜냐하면 역사는 이미 예술과 함께 시작했고, 예술은 언제나 역사적이어야만 예술이며, 그렇지 않으면 예술이 아니기 때문입니다. "그[대표적인] 예술"은 [역사 없이] 그 자체로 주어져 존재하지 않습니다. 그런데 선先역사[선사시대]에는 선先예술이 주어져 존재합니다. 선예술의 형성물은 처음에는 그저 도구 제품(도구들)에 불과한 것이 아니고, 이미 예술 작품인 것도 아닙니다. 그런데 선예술로부터 예술로의 점진적 이행은 주어져 존재하지 않습니다. 선역사에서 역사로의 점진적 이행이 주어져 존재하지 않는 것처럼 말입니다. 빈터에는 항상 시작의 솟음[비약]이 있습니다. 결국 솟음을 이해하기 쉽게 만드는 일, 다시 말해 솟음의 기원을 익숙한 것에서 찾는 일을 원칙적으로 포기할 때야말로 사람들은 솟음을 파악할 것입니다. 그런데 샘의 솟음은 그 본재에 따라 신비로 남아 있습니다. 왜냐하면 샘은 우리가 자유라고 이름할 수밖에 없는 필연적인 근거의 방식이기 때문입니다.

예술의 본재는 진실의 작품-속에-작동하게-놓음이고 예술 작품의 샘입니다. 이런 샘은 너무 깊은 곳에서 샘솟기에 접근할 수 없는 곳입니다. 그래서 우리는 항상 ― 이런 통로들에서도 ― 본재의 비非본재에 내놓인 채로 있게 됩니다. 무엇인가의 본재가 점점 더 깊은 곳에서 샘솟습니다. 그럴수록 그 무엇인가의 곁에서 곧바로 더욱더 단단해지는 것은 그 본재를 집요하고 고집스럽게 슬며시 따라오는 비본재입니다.

본재에 대한 얇은 결정으로서의 앎에 불과합니다. 예술에 대해 물을 때는 다음과 같은 결정을 내리는 게 중요합니다. 예술은 우리에게 본재적일까요? 예술은 샘일까요? 그래서 우리의 역사 속으로 설립하며 먼저 솟는 것일까요? 예술은 먼저 솟는 것일까요? 그렇지 않으면 예술은 기껏해야 나중에 덧붙은 것에 불과할까요? 예술은 앞에 놓여 있는 것의 "표현"으로서 동반되는 것이고, 장식과 흥겨움을 위해, 즉 기분 전환과 흥분을 위해 계속 추진되는 사업일까요?

우리는 샘솟는 예술의 본재에 가까이 있습니까? 아니면 그렇게 있지 않습니까? 그리고 샘의 가까이에 있지 않을 때 우리는 이 본재를 알고 있을까요? 그렇지 않으면 우리는 알지 못한 채 예술 사업 속에서만 취해 비틀거리고 있을까요? 예술의 본재를 알지 못할 때 우리가 첫 번째로 할 일은 그 본재를 앎 속으로 끌어올리는 것입니다. 왜냐하면 우리가 누구이며 또 누구는 아닌가를 선명하게 이해한 것은 이미 샘 가까이로 결정적으로 솟은 [뛰어든] 것이기 때문입니다. 오직 그런 가까움만이 역사적 실존을 보장할 수 있습니다. 그 실존은 진실로 자신의 근거를 가지고, 진정으로 이 [독일] 대지의 고향에 굳게 뿌리를 내리고 있습니다. 그렇게 보장할 수 있는 이유는 다음과 같습니다 ― 횔덜린의 다음 말로 [이 강연을] 마무리하겠습니다.

"떠나기가 어렵습니다,
  샘 가까이 사는 것은, 그 장소를."

(「편력」)

입문을 위하여(1960)

한스-게오르크 가다머

오늘날 사람들은 양차 세계대전 사이의 시기를, 즉 우리의 세기에 벌어진 역사적 소용돌이 와중에 안도의 숨을 내쉰 그 시기를 특별한 정신적 성과가 풍부했던 시대로 돌아볼 것이다. 제1차 세계대전의 대재앙이 닥치기 전에 미래의 전조를 미리 볼 수 있었다. 특히 회화와 건축예술에서 보였다. 하지만 전반적인 시대 의식은 제1차 세계대전의 기계화된 전쟁이 자유로운 시대의 문화 의식 및 진보 신념에 심각한 동요를 일으키면서 비로소 대대적으로 변화했다. 삶의 느낌의 전반적인 변화가 그 시대의 철학에서 다음과 같이 드러났다. 당시 지배적이던 철학, 즉 칸트의 비판적 관념론에 대한 쇄신으로부터 19세기 후반에 자라난 철학이 단번에 믿을 만하지 못한 것으로 나타난 것이다. 파울 에른스트는 그 당시 성공적이었던 자신의 책에서 "독일 관념론의 붕괴"를 선언했다. 그 붕괴는 오스발트 슈펭글러의

『서구의 몰락』을 통해 세계사적 차원에 놓이게 되었다. 당시 지배적이던 신칸트주의를 비판했던 연구자들에게는 두 명의 힘 있는 선구자가 있었다. 바로 플라톤주의 및 그리스도교를 비판한 프리드리히 니체와 사변적 관념론의 반성적 철학에 눈부신 공격을 가한 쇠렌 키르케고르였다. 두 가지 새로운 구호가 신칸트주의의 방법론적 의식에 맞섰다. 하나는 삶의 비합리성, 특히 역사적 삶의 비합리성이라는 구호였다. 사람들은 니체와 베르그손, 또 철학의 역사에 관한 위대한 학자 빌헬름 딜타이에 의거하여 이런 구호를 내세울 수 있었다. 그리고 다른 하나는 쇠렌 키르케고르의 작품에서 울린 실존이라는 구호였다. 그는 19세기 전반의 덴마크 철학자였고, 이제야 비로소 [독일 출판사] 디더리히 번역본을 통해 독일에서 영향력을 발휘하게 되었다. 키르케고르는 헤겔에 대해 실존을 망각한 반성적 철학자라고 비판했다. 그와 마찬가지로 사람들은 이제 신칸트주의적 방법주의를 자기만족에 빠진 체계 의식이라고 비판했다. 그런 방법주의는 철학을 오로지 과학적 인식을 정초하는 용도로만 썼다. 게다가 그리스도교적으로 생각하는 키르케고르가 관념론적 철학에 맞서 등장했던 것처럼 이제 소위 변증법적 신학도 철저한 자기비판으로 새로운 시기를 열어젖혔다.

    문화 순응적 자유주의와 지배적인 강단 철학에 대한 전반적인 비판을 철학적으로 표현했던 사람들이 있었다. 그중에는 혁명적 천재인 젊은 마르틴 하이데거도 있었다. 하이데거는 프라이부르크대학교의 젊은 강사로 등장하면서 제1차 세계대전 이후 진실로 새로운 시기를 열었다. 프라이부르크에서는 철학적 작업을 하는 독창적인 힘이 분출하고 있었다. 그 힘은 프라이부르크의 강단에서 울리는 언어에서 드러나고 있었다. 그 언어는 낯설고 힘차고 묵직했다. 1923년 하이데거는 교수로 임용되어 [독일 최초의 개신교 대학교가 있는 도시] 마르부르크로 왔고 그곳에서 당대의 개신교 신학과 만나게 되었다. 긴장감이 넘치고 생산적이었던 그 만남으로부터 하이데거의 대표작 『존재와 시간』이 자라났다. 1927년 이 작품은 제1차 세계대전이 일으킨 동요로부터 생겨나 철학을 덮쳤던 새로운 정신을 광범위한 대중에게 단번에 전달했다. 그 당시 사람들은 그들의 마음을 움직였던 공통된 철학적 작업을 실존철학이라고 이름했다. 하이데거의 체계적인 첫 번째 작품[『존재와 시간』]에서 흘러나온 비판적 정서는 동시대 독자들에게 강렬하게 부딪쳤다. 그것은 기성세대의 견고한 교양 세계에 대한 정열적인 저항의 정서, 또 산업사회가 점점 더 많이 획일화되며 뉴스 방송 기술 및 여론 형성을 통해 모든 것을 조작하고 그리하여 모든 개인의 삶의 형태를 평준화하는 것에 맞서는 정서였다. 비본래적이며 퇴락한 형태, 즉 "세상 사람들", 잡담, 호기심에 하이데거는 현존재[사람]의 본래성 개념을 마주 놓았다. 본래적인 사람은 자신의 유한성을 알고 있고, 결단을 통해 그 유한성을 받아들인다. 『존재와 시간』에서는 인류에게 태고의 신비인 죽음이 실존적으로 진지한 철학적 숙고의 중심으로 밀려 들어왔고, 자기 자신의 실존을 본 래적으로 "선택"하라는 호소는 교양과 문화의 가상 세계를 묵 직하게 분쇄했다. 이런 진지함과 묵직함은 잘 보호된 평화로운 학계에 대한 침입과 같았다. 그런데 그렇게 호소한 것은 과학적 세계에 속하지 않는 사람의 무절제한 목소리가 아니었고, 키르 케고르나 니체 같은 스타일의 도발적이며 예외적인 실존의 목 소리도 아니었다. 오히려 그 당시 독일 대학에 있던 철학 학파 들 가운데 가장 성실하면서 면밀한 학파의 학생이 그런 호소를 했다. 그는 에드문트 후설의 현상학적 연구를 배운 학생이었다. 후설의 연구가 끈질기게 추구한 목표는 철학을 엄밀한 과학으 로서 정초하는 것이었다. 하이데거의 새로운 철학의 대성공작 [『존재와 시간』]도 현상학의 구호인 "사태 자체로!"를 내세웠다. 그런데 하이데거에게 있어서 사태는 철학에서 가장 깊숙이 감 추어진 것이었고, 그 사태에 대한 물음은 가장 까마득히 잊힌 것이었다. 그 물음은 다음과 같다. 존재는 무엇을 뜻하는가? 이 물음을 묻는 법을 배우기 위해 하이데거는 사람의 존재를 사람 자신 속에서 존재론의 관점에서 구체적으로 규정하는 길로 나 아갔다. 이는 항상 존재하는 무한한 존재의 관점에서 사람의 존 재를 그저-유한한 것으로 이해한 기존 형이상학과는 다른 길 이었다. 하이데거에 따르면 사람의 존재는 [다른 존재자들에 비 해] 존재론적 우위를 점한다. 그 우위로 인해 하이데거의 철학 은 "기초 존재론"으로 규정되었다. 유한한 사람에 대한 존재론적 규정을 하이데거는 실존의 규정들, 즉 실존 범주들이라고 이름했다. 그리고 이렇게 방법론적으로 결정적 역할을 하는 근본 개념들을 기존 형이상학의 근본 개념들에, 즉 앞에 놓여 있는 것의 범주들에 마주 세웠다. 하이데거가 존재의 의미에 대한 태고의 물음을 새로이 되살렸을 때 자신의 시야에서 놓치지 않으려 했던 것이 있다. 그것은 바로 사람의 본래적인 존재가 감각할 수 있도록 앞에 놓여 있는 데에 있는 게 아니라 역동적으로 마음을 쓰는 데에 있다는 점이다. 그렇게 마음을 쓰는 사람은 자신의 존재를 돌보며 자기 자신의 미래가 된다. 사람은 스스로 자기 존재를 향해 자신을 이해한다는 점에서 탁월하다. 유한하며 시간적인 사람은 자기 존재의 의미에 대한 물음을 가만히 둘 수 없다. 그 유한성과 시간성 때문에 존재의 의미에 대한 물음은 시간의 차원[지평]에서 제시되었다. 과학이 계량과 측정이라는 방법을 통해 알아낸 존재하는 것은 앞에 놓여 있는 것이다. 그 앞에 놓여 있는 것은 모든 사람다움의 너머에 놓인 영원한 것과 마찬가지로 사람의 시간성으로부터, 즉 존재에 대한 핵심적 앎으로부터 이해될 수밖에 없다. 이런 시간성이 하이데거의 새로운 출발점이었다. 그런데 존재를 시간으로 생각하려 한 그의 목표는 가려진 채로 있었다. 그래서 『존재와 시간』은 곧바로 해석학적 현상학으로 불렸다. 왜냐하면 사람의 자기 이해가 존재의 의미에 대한 물음을 묻는 본래적인 기초가 되었기 때문이다. 이런 기초의 관점에서 보면 존재에 대한 전통 형이상학

적 이해는 존재에 대한 근원적 이해, 즉 사람 속에서 작동하는
그 이해의 퇴락한 형태로 나타난다. 존재는 순수한 현재現在 및
지금 앞에 놓여 있음Vorhandenheit에만 국한되지 않는다. 본래적
인 의미에서 "존재하는" 것은 유한하며-역사적인 사람이다. 먼
저 사람이 세계를 설계하고 나면 사용할 수 있는Zuhandene 것
이 자기 자리를 가진다 — 그리고 그다음에 그저-앞에 놓여 있
는Nur-Vorhandene 것이 자기 자리를 가진다.

그런데 자기 이해라는 해석학적 현상의 관점에서 보면 역사
적이지도 않고 그저 앞에 놓여 있는 것도 아닌 채 존재하는 여
러 형태에는 적당한 장소가 없다. 무無시간적인 수학의 대상
들은 그저 단순히 감각할 수 있도록 앞에 놓여 있는 것이 아니
고, 순환하며 항상 반복되는 무시간적인 자연은 두루 힘을 발
휘하고 우리 자신을 무의식에서부터 규정하는 것이며, 마지막
으로 무시간적인 예술은 모든 역사적 간격 위로 아치를 그리는
[간격을 초월하는] 무지개와 같은 것이다. 이 같은 존재의 형태들
은 하이데거가 새로운 출발점으로 열어젖혔던 해석학으로 해
석할 수 없는 경계[한계점]를 나타내는 것처럼 보였다. 무의식
적인 것, 숫자, 꿈, 힘을 발휘하는 자연, 예술의 기적 — 이 모든
것은 실존[삶]의 가장자리에서만 일종의 경계 개념들로 파악될
수 있는 것처럼 보였다. 이때 실존은 스스로를 역사적인 것으로
알며 자기 자신을 향해 이해하는 것[사람]이다.

그래서 하이데거가 1936년 몇몇 강연에서 예술 작품의 샘[근

원]을 다루었던 것은 놀라운 일이었다. 물론 이 작업은 1950년에야 비로소 논문집 『숲길』의 첫 번째 부분으로 실려 대중이 접근할 수 있게 되었다. 하지만 그 영향은 이미 훨씬 일찍부터 발휘되기 시작했다. 왜냐하면 오래전부터 곳곳에서 하이데거의 강의와 강연이 기대에 부푼 관심을 불러일으켰고 필사본과 입소문을 통해 널리 퍼졌기 때문이다. 그래서 갑작스레 하이데거는 그 자신이 [『존재와 시간』에서] 호되게 풍자했던 잡담의 대상이 되어버렸다. 실제로 예술 작품의 샘에 대한 강연은 철학적 돌풍을 일으켰다. 이제 예술은 역사적인 사람이 지닌 자기 이해를 해석하기 위한 근본 출발점에 포함되었다. 게다가 주지하다시피 예술 작품의 샘에 대한 강연에서 예술은 ― 횔덜린과 게오르게가 자신들의 시에서 믿은 것처럼 ― 역사적 세계 전체를 건립하는 행위로까지 이해되었다. 그 돌풍은 여기서 끝나지 않았다. 하이데거가 시도한 새로운 생각의 작업이 일으킨 본래적인 돌풍은 예술이라는 주제와 관련하여 놀라울 정도로 새로운 개념들의 체계가 과감하게 출현한 것이었다. 예술 작품의 샘에 관한 강연에서는 세계와 대지에 대해 이야기했다. 그런데 세계 개념은 오래전부터 하이데거의 해석학에서 주요한 개념들 가운데 하나였다. 세계는 사람이 설계한 관계 전체이자 지평이었고, 그 지평은 사람이 마음을 쓰는 모든 설계에 선행하는 것이었다. [예술 작품의 샘에 대한 강연에서] 하이데거는 스스로 이런 세계 개념의 역사를 약술했다. 특히 그는 자신이 사용한 세계 개념을 앞에 놓여 있는 것을 총칭하는 개념과 잘 구분했고, 자신의 개념이 지닌 신약성서의 인간학적 의미를 역사적으로 정당화했다. 그런데 놀랍게도 이 세계 개념은 대지라는 대립 개념을 얻었다. 이 일이 놀라웠던 이유는 대지 개념이 신화나 신비주의에서 나올 법한 원초적인 소리처럼 울렸기 때문이다. 이런 대지 개념은 기껏해야 시의 세계에서나 정당하게 머무를 수 있었을 것이다. 반면에 사람이 자기를 해석할 때 그 배경이 되는 전체를 의미하는 세계 개념은 자기를 이해하는 사람에 의해 너무나 명확하게 직관적으로 타당해질 수 있었다. 주지하다시피 그 당시 하이데거는 횔덜린의 시에 매우 열정적으로 몰두했다. 그의 시에서의 대지 개념을 하이데거는 자신의 고유한 철학적 작업 속으로 옮겨 넣었다. 그런데 그렇게 옮겨 넣은 것이 정당했을까? 자신의 존재를 향해 스스로를 잘 이해하는 사람은 세계-내-존재이고, 모든 초월적인 물음을 묻는 새롭고 철저한 출발점이 된다. 과연 이 같은 사람이 대지와 같은 개념과 존재론적 관계를 맺을 수 있을까?

그런데 『존재와 시간』에서 하이데거의 새로운 출발점이 단순히 독일 관념론의 유심론적 형이상학을 반복한 것은 확실히 아니었다. 사람이 자기-존재를-향해-스스로를-이해하는 것은 헤겔의 절대정신이 스스로를-아는 것과는 다르다. 사람은 자기 자신을 설계하지 않는다. 오히려 자기 자신을 이해하는 사람은 스스로가 자기 자신과 자기 삶의 주인이 아니라는 사실을 알고 있다. 게다가 자신이 존재자의 중심에 놓여 있으며 자신을 그렇게 놓여 있는 대로 감내해야 한다는 것도 알고 있다. 사람은 던져진 채 설계한다[처음으로 던진다]. 하이데거가 『존재와 시간』에서 행한 가장 눈부신 현상학적 분석들 가운데 하나는 [사람의] 실존이 존재자의 중심에 놓여 있는vorfinden 것에 대한 경험, 즉 실존의 한계점에 대한 경험을 처해 있음Befindlichkeit[컨디션]으로 분석한 것이다. 하이데거는 그 컨디션, 즉 기분에 세계-내-존재를 본래적으로 드러내는 힘을 부여했다. 그런데 그렇게 놓여 있는 컨디션은 주지하다시피 사람이 자신을 역사적인 것으로 이해할 때 최대한 밀고 나아갈 수 있었던 극단의 한계점을 나타낸다. 컨디션과 기분이라는 해석학의 한계점에 놓인 개념은 대지와 같은 개념에 연결될 수 없다. 대지 개념의 등장을 정당화하는 것은 무엇일까? 어떻게 이 개념은 자신의 정당성을 입증할 수 있을까? 예술 작품의 샘에 관한 하이데거의 논문이 열어젖힌 중요한 통찰은 "대지"가 예술 작품의 존재를 규정할 때 꼭 필요하다는 것이다.

예술 작품의 본재에 대한 물음이 원칙적으로 어떤 의미를 지니고 철학의 근본 물음들과 어떤 관계를 맺는지 인식하기 위해서는 당연히 철학적 미학이라는 개념이 사로잡힌 여러 선입견에 대한 통찰이 필요하다. 즉 미학 개념 자체를 극복하는 일이 필요한 것이다. 주지하다시피 철학적 미학은 철학의 분야들 가운데 가장 젊은 분야이다. 18세기에 들어서 계몽적 합리주의가 뚜렷하게 제한되고 나서야 감각적 인식의 독립적인 권리가 타당해졌고 그리하여 지성과 지성 개념들로부터 어느 정도 독립적인 취미판단도 타당해졌다. [미학이라는] 그 분야의 이름과 마찬가지로 그 분야의 체계적 자립성도 알렉산더 바움가르텐의 미학으로부터 유래한다. 그다음에 칸트가 자신의 세 번째 비판에서, 즉 판단력비판에서 미학적 문제가 지닌 체계적 의미를 강조했다. 그는 미적 취미판단의 주관적 보편성 속에서 지성과 도덕에 대한 요구들과 대등하게 주장될 수 있는 미적 판단력에 대한 설득력 있고도 정당한 요구를 발견했다. 예술 작가의 천재성과 마찬가지로 관찰자의 취미[취향]는 개념, 규범, 혹은 규칙을 통해 이해될 수 없다. 아름다운 것의 특징은 [객관적인] 대상에서 인식되는 그런 속성으로 입증될 수 없다. 오히려 그 특징을 증명해주는 것은 주관적인 것, 즉 상상력과 지성이 조화롭게 어울리는 가운데 삶의 느낌이 생생해지는 상태이다. 이는 우리의 모든 정신력이 살아나서 자유롭게 놀이하는 상태이다. 이런 상태를 우리는 자연과 예술에서 아름다운 것을 바라볼 때 경험한다. 취미판단은 [보편적] 인식인 것은 아니지만 그렇다고 해서 임의적인 것도 아니다. 취미판단에는 미적 영역의 자주성을 정초할 수 있는 보편성에 대한 요구가 들어 있다. 예술의 자주성을 그렇게 정당화한 것은 규칙에 순응하고 도덕을 신봉하는 계몽 시대에 맞서는 위대한 업적이었다. 이 점을 사람들은 인정해야 한다. 독일의 발전 과정에서는 특히나 위대한 업적이었다.

그 당시 독일은 이제 막 문학의 고전주의 시대에 도달했고 그 단계에서 [괴테와 실러의 도시] 바이마르를 시작으로 미적 국가와 같은 것을 창설하려 했다. 이런 노력을 개념적으로 정당화한 것이 칸트의 철학이었다.

한편 미학의 근거를 주관적인 마음이 지닌 여러 힘 속에 둔 것은 위험한 주관화의 시발점이었다. 당연히 칸트에게도 자연의 아름다움과 주관[주체]의 주관성 사이에서 인식되었던 신비로운 조화는 여전히 결정적이었다. 이와 마찬가지로 칸트는 모든 규칙을 넘어서서 예술 작품의 기적을 일으키는 창조적인 천재도 자연의 은혜를 입은 사람으로 이해한다. 그런데 이런 이해는 대체로 자연 질서의 확실한 타당성을 전제하고 있다. 그런 타당성의 최종적인 기초는 신학의 창조 사상이다. 이런 차원이 점차 사라지자 미학의 근거를 주관적인 마음이 지닌 여러 힘 속에 둔 것은 철저하게 주관화될 수밖에 없었고, 모든 규칙을 넘어서는 천재의 이론이 심화되었다. 예술은 모든 것을 포괄하는 존재 전체의 질서와 더 이상 관계하지 않았다. 예술은 거친 산문과 같은 삶의 현실 맞은편에 놓인 운문의 미화시키는 힘이다. 그 힘은 미적 영역에서만 관념과 현실의 화해를 실현할 수 있다. 관념론적 미학은 맨 먼저 실러에게서 말해지고 헤겔의 웅대한 미학에서 완성된다. 이런 미학에서도 예술 작품의 이론은 여전히 보편적인 존재론적 차원 속에 서 있다. 예술 작품 속에서 유한한 것과 무한한 것이 균형을 이뤄 화해하는 일이 실현된다면 이는 철학이 마지막에 도입할 최고의 진실을 보증할 것이다. 관념론의 관점에서 보면 자연은 근대의 계량적 과학의 대상이 아니라 대단히 창조적인 세계의 능력이 힘을 발휘하는 것이다. 그 창조력은 스스로를 의식하는 정신 속에서 고양되어 완성된다. 사변적으로 생각하는 관념론자들의 눈에는 자연과 마찬가지로 예술 작품 또한 정신이 객관화된 것이다 — [예술 작품은] 정신이 자기 자신을 완전하게 이해한 것[개념]이 아니라 세계를 바라보는anzuschauen 양식과 방식에서 나타난 것[현상]이다. [세계관으로서의] 예술은 세계-관觀Welt-Anschauung이라는 낱말이 문자 그대로 의미하는 것처럼 세계를 바라보는 것이다.

  사람들은 하이데거가 예술 작품의 본재에 대해 깊이 생각하는 작업에 착수한 출발점을 규정하려 한다. 그렇다면 이제 그들은 신칸트주의 철학이 오래전에 관념론적 미학을 은폐했다는 사실을 선명하게 깨달아야 할 것이다. 관념론적 미학에 따르면 예술 작품은 개념으로 이해할 수 없는 절대적인 진실의 수단이라는 탁월한 의미를 지닌 것이었다. 신칸트주의 철학은 지배적인 철학 운동이었고, 과학적 인식을 정초한 칸트의 작업을 쇄신했다. 그 과정에서 칸트가 미적 판단력비판을 묘사했을 때 근거가 되었던 차원, 즉 목적론적인 존재 질서의 형이상학적 차원을 되살리지는 않았다. 그래서 미학적 문제들에 관한 신칸트주의적 사싱은 묘한 신입건들에 사로삽혔다. 이는 하이데거의 논문[「예술 작품의 샘」]에서 그 주제를 설명할 때 명료하게 보인다.

그 설명은 예술 작품을 사물과 구분하는 것에 대한 물음으로부터 출발한다. 예술 작품은 사물이기도 하다. 그리고 자신의 사물 존재를 넘어서서만 또 다른 무엇인가를 의미한다. 즉 예술 작품은 무엇인가를 가리키는 상징이거나 다른 무엇인가를 이해하게 해주는 비유이다. 이처럼 예술 작품의 존재 방식을 묘사할 때 그 바탕이 되는 존재론적 모델은 과학적 인식이 우위를 지니는 체계에서 나온 것이다. 본래적으로 존재하는 것은 사물다운 측면이고, 이 측면은 사실이며 감각기관에 주어진 것이다. 이런 것은 자연과학이 객관적으로 인식하는 것이다. 이에 반해 사물다운 측면에 덧붙는 의미와 그 측면이 가지는 가치는 그저 주관적으로 타당할 뿐인 별도의 규정들이다. 그 의미와 가치는 근원적으로 주어진 것 자체에 속하지 않으며 그것에서 얻어질 객관적으로 진실한 것에도 속하지 않는다. 이런 규정들은 그런 가치를 지닐 수 있는 사물다운 측면을 유일하게 객관적인 것으로 전제한다. 이런 전제의 분명한 미학적 의미는 예술 작품에서 가장 눈에 잘 띄는 측면이 그 자체로 사물적 성격을 지닌다는 것이다. 그 성격은 하부구조의 기능을 가지고, 그 하부구조 위에 본래 미적인 형성물이 상부구조로 세워진다. [신칸트주의자] 니콜라이 하르트만도 미적 대상의 구조를 이렇게 묘사한다.

  하이데거는 이런 존재론적 선입견을 물음의 실마리로 삼아 사물의 사물적 성질에 대해 묻는다. 그는 사물에 대한 세 가지 파악 방식을 구분한다. 예로부터 생겨나 전해져 내려온 그 방식들에 따르면 사물은 속성들을 지니고 있는 것이고, 다양한 감각적 자극의 통일체이고, 형태를 갖춘 재료이다. 이런 규정들 가운데 특히 세 번째 것, 즉 사물을 형태와 재료에 따라 규정한 것에는 곧바로 명백해지는 무엇인가가 있다. 왜냐하면 그 규정은 우리의 목적에 쓰여야 하는 사물이 제작될 때 본보기가 되는 제작 모델을 따르기 때문이다. 하이데거는 그런 사물을 "도구"라고 이름한다. 이런 모델을 모범으로 삼아 신학의 관점에서 보면 모든 [자연에 있는] 사물은 제작물로서, 다시 말해 신의 피조물로서 나타나고, 사람의 관점에서 보면 도구다움을 상실한 도구로서 나타난다. 사물들이 단순하다는 말은 그것들이 무엇인가를 위해 쓰이는지에 대한 고려 없이 거기에 존재한다는 것을 뜻한다. 그런데 하이데거는 이 같은 앞에 놓여 있음의 개념이 사물의 사물다운 측면과 도구의 도구다운 측면을 생각하지 못하게 한다는 점을 제시한다. 그런 개념은 근현대 과학의 계산과 계량의 방법에나 상응하는 것이다. 그 때문에 하이데거는 도구의 도구다움을 보기 위해 예술적으로 나타낸 것, 즉 농부의 신발을 나타내는 반 고흐의 회화를 실마리로 삼는다. 그 예술 작품에서 볼 수 있는 것은 도구 자체이다. 다시 말해 그것은 아무 목적에나 이용될 수 있는 아무 존재자가 아니다. 오히려 그것은 신발이 그 주인을 위해 그 용도로 쓰였고 쓰이면서 존재하는 무엇인가이다. 화가의 작품에서 분출하는 것과 그 작품이 인상적으로 나타내는 것은 우연히 있는 농민의 신발 한 결레가 아니라 그 도구 자체의 진실한 본재이다. 농민이 살아가는 세계 전체가 이 신발 속에 있다. 그렇게 예술의 작품[작동]은 작품 속에서 존재자에 관한 진실을 산출하는 것이다. 진실이 그렇게 작품 속에서 벌어지며 분출하는 것은 오로지 작품의 관점에서만 생각될 수 있으며, 작품의 사물적인 하부구조의 관점에서는 결코 생각될 수 없다.

이처럼 진실은 작품 속에서 분출할 수 있다. 그래서 작품이란 무엇인가라는 물음이 제기된다. 예술 작품의 사물다움과 대상성에서 출발하는 친숙한 설명과 달리 [하이데거에 따르면] 예술 작품의 성격은 그야말로 대상[마주 서 있는 것]이 아니라 자기 자신 속에 서 있는 것으로 설명된다. 그렇게 자신 속에 서 있음으로써 작품은 자신의 세계에 속한다. 그뿐만이 아니다. 오히려 작품 속에 그 세계가 있다. 예술 작품은 자신의 고유한 세계를 열어젖힌다. 무엇인가가 대상으로서 존재할 수 있으려면 그 무엇인가는 자신이 속하는 세계가 무너져버려서 그 세계를 이루는 얼개에 더 이상 속하지 않아야만 한다. 그래서 사고팔릴 때의 예술 작품은 대상이다. 그때 예술 작품에는 세계도 고향도 없기 때문이다.

하이데거는 예술 작품의 성격을 자신-속에-서-있음과 세계를-열어젖힘으로 설명하며 출발한다. 그의 설명이 의도적으로 고전 미학의 천재 개념을 다시 받아들이기를 철저히 거부하고 있음은 명백하다. 이제 하이데거는 작품이 일으켜 세우고 열어젖히는 세계, 작품이 속하는 세계라는 개념 옆에서 "대지"라는 대립 개념을 사용한다. 이는 작품의 존재가 지닌 구조를 그 창조자나 관찰자의 주관성으로부터 독립시켜 이해하려는 노력이다. 대지가 세계에 대한 대립 개념인 이유는 [세계의] 스스로를-엶과 대립하는 자기-속에-품으며 숨김이 대지의 특징이기 때문이다. 명백히 예술 작품 속에는 세계와 대지 둘 다, 즉 스스로를-엶뿐만 아니라 스스로를-숨김도 있다. 주지하다시피 예술 작품은 무엇인가를 가리키지 않으며, 신호처럼 어떤 의미를 지시하지 않는다. 오히려 예술 작품은 자신의 고유한 존재를 나타내고, 그래서 관찰자는 작품 곁에 머무르도록 강요를 받게 된다. 예술 작품은 너무나 그 자체로 거기에 존재해서 거꾸로 예술 작품을 이루는 것, 즉 돌덩이, 색채, 소리, 낱말 자체가 비로소 예술 작품 속에서 본래적으로 거기에 존재하게 된다. 그래서 가공되기를 기다리며 단순한 재료로서 있는 무엇인가는 실답게 거기에 존재하는 것이 아니고, 다시 말해 진정한 현재 속으로 출현한 것이 아니다. 오히려 그 무엇인가는 사용되고 있을 때, 다시 말해 작품에 연결되어 있을 때야 비로소 그 자체로 출현할 것이다. 명곡을 이루는 소리는 모든 소음이나 다른 모든 소리보다도 더 소리다운 소리이다. 회화의 색채는 최고로 꾸며진 자연의 색채보다도 더 본래적으로 다채롭다. 솟으며 떠받치는 신전의 기둥은 돌처럼 딴딴한 그 존재를 다듬어지지 않은 암석 덩어리로서 있을 때보다 더 본래적으로 나타나게 한다. 그런데 작품 속에서 출현하는 그 무엇인가는 바로 숨겨진 채로 있으면서 숨으며 있는 것이다. 이런 숨음을 하이데거는 대지-존재라고 이름한다. 진실로 대지는 재료가 아니다. 오히려 대지는 그곳으로부터 모든 것이 출현하고[바깥으로 나오고] 그곳 안으로 모든 것이 들어가는 것이다.

여기서 재료와 형태라는 반성 개념이 부적합하다는 점이 제시된다. 사람들은 위대한 예술 작품 속에서 어떤 세계가 "자라난다"고 말할 수 있다. 이때 이런 세계의 자라남[올라감]은 동시에 쉬고 있는 형체 속으로 들어감이다. 형체는 거기에 서 있음으로써 마치 대지에 붙은 것처럼 거기에 존재하게 되었다. 그리하여 예술의 작품은 그 자신에 고유한 쉼을 얻는다. 본래 작품은 말하거나 의도하는 혹은 제시하며 체험하는 자아[주관] 속에 먼저 존재하는 게 아니다. 또 그 자아에 의해 말해진 것이나 의도된 것 혹은 제시된 것이 작품의 의미가 되는 것도 아니다. 존재하는 작품은 체험이 되어버리지 않는다. 오히려 작품은 자기 자신이 거기에 존재함으로써 스스로 사건[존재 사건]이 된다. 그 사건은 기존의 익숙한 모든 것을 뒤집는 충격이고, 그 충격 속에서 거기에 존재한 적이 없는 세계가 열리게 된다. 그런데 이런 충격은 작품 자체 속에서 벌어졌고, 그래서 동시에 품긴 채로 남아 있게 된다. 그렇게 자라나며 품기는 것은 팽팽한 긴장을 유지하며 작품의 형체를 이룬다. 이런 긴장은 하이데거가 세계와 대지 사이의 투쟁이라고 부르는 것이다. 그가 이렇게 투쟁

개념으로 묘사한 예술 작품의 존재 방식은 전통 미학과 근현대 주관성 사상의 선입견에 사로잡히지 않은 것이다. 게다가 하이데거는 예술 작품을 감각적으로 빛나는 이념으로 정의한 사변적 미학도 쇄신한다. 그뿐만이 아니다. 물론 아름다운 것에 대한 이런 헤겔의 정의는 하이데거 자신이 생각하고자 한 것과 공통점을 갖는다. 둘 다 주체와 객체의 대립, 즉 자아와 대상 사이의 대립을 원칙적으로 극복했다. 또 헤겔의 정의는 예술 작품의 존재를 주관의 주관성의 관점에서 묘사하지 않는다. 그렇지만 헤겔의 정의는 그 존재를 주관성을 향해 묘사한다. 왜냐하면 그 존재는 자기 자신을 의식하는 생각의 작업 속에서 생각된 이념이기 때문이다. 헤겔은 그 이념의 감각적인 발현이 예술 작품을 이룬다고 한다. 그러니까 [그 자체로는 비감각적인] 이념을 생각할 때는 감각적으로 빛나는 진실 전체가 지양止揚되어 있을 것이다. 그 진실은 자기 자신의 본래적인 형체를 개념 속에서 얻는다. 헤겔과 달리 하이데거는 세계와 대지 사이의 투쟁에 대해 말하고 예술 작품을 충격으로 묘사한다. 그 충격은 진실이 사건이 되도록 한다. 이런 진실은 철학적 개념의 진실 속에서 지양되거나 완성되지 않는다. 진실의 고유한 발현이 예술 작품 속에서 벌어지는 것이다. 하이데거가 진실이 분출하는 예술 작품에 의거한 것은 그야말로 진실의 벌어짐에 대한 논의가 의미심장하다는 점을 증명하려 한 것이다. 따라서 하이데거의 논문은 예술 작품의 존재를 더 적합하게 묘사하는 일에 국한되지 않는다. 오히려 그에게서 중요한 철학적 관심은 존재 자체를 진실의 벌어짐으로 이해하는 것이다. 그 관심은 이런 분석에 기대고 있다.

종종 사람들은 하이데거가 자신의 후기 작품에서 개념들을 만든 것에 대해서 그것이 더 이상 입증될 수 없다고 비난했다. 예컨대 하이데거는 존재라는 낱말을 동사적 의미에서, 즉 존재의 벌어짐, 존재의 틈, 존재의 막힘을 없앰, 존재의 망각에 대해서 말한다. 그때 그가 생각하는 바를 우리 자신의 주관적 생각으로는 마치 성취하는[완전히 이해하는] 것처럼 할 수 없을 것이다. 개념들을 만드는 것은 하이데거의 후기 철학적 저술들에서 지배적인 특징이다. 그가 만든 개념이 주관적으로는 입증할 수 없도록 숨어 있음은 명백하다. 이는 헤겔이 표상적 생각의 작업이라고 이름하는 것에 그가 말하는 변증법적 과정이 숨어 있는 것과 비슷하다. 따라서 하이데거가 만든 개념은 헤겔의 변증법이 맑스에게서 받았던 것과 비슷한 비판을 받는다. 사람들은 하이데거가 만든 개념이 "신화적"이라고 말한다. 나는 예술 작품에 관한 논문이 지닌 근본적인 의미가 그 논문이 후기 하이데거의 본래적 관심사에 대한 암시를 나타내는 데에 있다고 본다. 아무도 외면할 수 없는 사실은 세계를 자라나게 하는 예술 작품 속에서 이전에 인식되지 않았던 의미심장한 것이 경험되고 게다가 예술 작품 자체와 함께 새로운 무엇인가가 거기에 존재하게 된다는 것이다. 예술 작품은 어떤 진실을 드러내놓기

114 만 하는 것이 아니라 그 자체가 하나의 사건이다. 이로써 한 가지 길이 제시되고, 하이데거가 서양의 형이상학과 그것이 근대 주관성 사상으로 이행한 것에 제기한 비판을 한 걸음 정도 따라갈 수 있게 된다. 주지하다시피 하이데거는 진실을 뜻하는 그리스어 낱말 알레테이아Aletheia를 "막힘없음"으로 번역했다. 알레테이아의 박탈적privativen 의미를 강력하게 강조한 그의 의도는 진실을 인식하는 것이 마치 강탈Raubes 행위처럼 — [라틴어] 프리바티오privatio는 "박탈Beraubung"을 말한다 — 진실한 것을 인식되지 않은 상태 혹은 오류 속에 감추어진 상태로부터 바깥으로 끌어냈다는 점을 말하려는 것이다. 그런데 그의 의도는 이게 다가 아니다. 즉 진실이 쉽게 구해질 수 있지 않다거나 늘 이미 일상적으로 접근될 수 있지 않다는 점만 말하려 한 게 아니다. 이 점은 확실히 진실하다. 그리고 주지하다시피 그리스인들은 그들이 존재자 그 자체를 막힘없는 것이라고 불렀을 때 이 점을 말하기를 원했다. 그들은 모든 인식이 오류와 거짓에 의해 위협받고 있다는 것을 알고 있었고, 오류를 범하지 않고 존재자 그 자체에 들어맞는 표상을 구하는 게 중요하다는 것을 알고 있었다. 인식할 때 오류에서 벗어나는 일이 중요하다면 진실은 존재자의 순수한 막힘없음일 것이다. 이것이 바로 그리스인들이 생각하는 작업에서 주목한 것이다. 그리하여 그 작업은 들어맞는 인식을 실현하는 길에 오르게 되었다. 근대의 과학은 결국 그 길을 끝까지 가야 했다. 들어맞음을 통해 존재자의 막힘없음

은 봉해지게 된다.

이런 그리스인들에게 하이데거는 막힘없음이 들어맞게 인식된 존재자의 성격에 불과한 게 아니라고 반박한다. 막힘없음은 더 근원적인[더 먼저 샘솟는] 의미에서 "벌어지는"것이다. 그리고 이런 벌어짐은 비로소 존재자가 막힘없이 있고 들어맞게 인식될 수 있도록 하는 것이다. 그런 근원적인 막힘없음에 상응하는 막힘 있음은 오류가 아니라 근원적으로 존재 자체에 속하는 것이다. 이로써 (헤라클레이토스가 말한 것처럼) 스스로를 막기를[감추기를] 좋아하는 자연의 성격은 그 인식 가능성과 관련해서뿐만 아니라 그 존재에 따라서도 설명되었다. 자연은 밝은 곳으로 자라날 뿐만 아니라 또한 동등한 정도로 어두운 곳에 품기도 한다. 꽃은 태양을 향해 피는 것과 마찬가지로 자신의 뿌리를 땅속 깊이 내린다. 하이데거는 존재의 틈에 대해서 말한다. 그 틈의 영역에서는 비로소 존재자가 막힘이-없어진 채로, 즉 막힘없는 채로 인식된다. 존재자가 그렇게 자신의 삶[거기에 존재함]의 "거기" 속으로 출현하는 것은 그런 거기가 벌어질 수 있는 열림의 영역을 명백히 전제한다. 그렇지만 또 명백한 것은 그 영역이 존재하려면 그 영역 속에서 존재자가 드러나야, 다시 말해 열림이 차지하는 열린 것이 주어져 존재해야 한다는 것이다. 이것이 기이한 관계라는 점에는 물음의 여지가 없다. 그리고 더 기이한 것은 존재자가 이렇게 드러나는 거기에서 바로 존재의 막힘 있음[막힘 있는 존재]도 비로소 스스로를 나타낸단

115

것이다. 들어맞게 인식하는 행위는 거기의 개방성을 통해서 가능하게 되는 것이 확실하다. 막힘없음으로부터 출현하는 존재자는 그 존재자를 감각하는 사람에게 나타난다. 그렇다고 하더라도 그 인식은 막힘을-없애는 자의적인 행위, 즉 무엇인가를 막힘 있음으로부터 빼앗는 강탈 행위가 아니다. 오히려 이 모든 행위가 가능해지려면 막힘없앰과 막힘이 존재 자체의 하나의 벌어짐이어야만 한다. 그 벌어짐을 이해하는 데에는 우리가 예술 작품의 본재에 대해 이해한 것이 도움이 된다. 예술 작품에서 자라남[열림]과 막음[품음] 사이의 긴장은 명백히 작품 자체의 존재를 이룬다. 이런 긴장의 팽팽함은 예술 작품이 지닌 형체의 수준을 결정하고 모든 것에 환한 빛을 던지는 작품의 광채를 생산한다. 예술 작품의 진실은 평평히 열려 있는 의미가 아니다. 오히려 그 진실은 작품의 의미가 지닌 해명할 수 없는 깊이이다. 요컨대 예술 작품은 그 본재에 따라서 세계와 대지, 즉 자라남과 막음 사이의 투쟁이다.

그런데 이렇게 예술 작품에서 입증된 것은 존재 일반의 본재를 이룬다고 한다. 막힘없앰과 막힘 사이의 투쟁은 작품의 진실일 뿐만 아니라 모든 존재자의 진실이기도 하다. 왜냐하면 막힘없음으로서의 진실은 늘 막힘없앰과 막힘 사이의 상호 대립이기 때문이다. 막힘없앰과 막힘은 필연적으로 서로에게 속한다. 다시 말해 진실이 존재자가 들어맞는 표상 행위에 마치 마주 서 있는 것 같은 순수한 현재성에 국한되지 않는다는 점은 명백하다. 막힘없는 존재를 그렇게 국한하여 이해하는 것은 오히려 존재자를 표상하는 사람의 주관성을 이미 전제한 것이다. 그런데 존재자가 그저 표상될 수 있는 대상으로서만 규정되어 있다면 그 존재자의 존재는 들어맞게 규정되지 않은 것이다. 오히려 그 존재에는 동등한 정도로 존재가 스스로를 거부한다는 점이 속한다. 막힘없음으로서의 진실은 자기 자신 속에 맞서는 대립을 지니고 있다. 하이데거가 말하는 것처럼 존재 속에는 "현재의 경쟁적 관계"와 같은 무엇인가가 있다. 하이데거가 이 말로 묘사하려는 것은 누구나 알아챌 수 있다. 존재하는 것은 알 수 있거나 친밀한 윤곽을 제공하는 표면이고 게다가 자립성을 지닌 깊은 내면이기도 하다는 것이다. 이 자립성을 하이데거는 "자신 속에 서 있음"이라고 부른다. 모든 존재자가 완전히 막힘없는 상태는 전체적으로 모든 존재자가 하나도 빠짐없이 (존재자의 완벽성에서 생각된 표상 행위를 통해) 대상이 된 상태이다. 이는 존재자가 자신 속에 있지 않게 되고 전체적으로 평준화되는 것을 의미할 것이다. 그렇게 전체가 대상이 될 때 나타나는 것은 어디에서도 더 이상 자신의 고유한 존재 속에 서서 존재하지 않을 것이다. 오히려 그때 존재하는 모든 것은 동일한 것으로 나타난다. 즉 모든 것은 이용될 수 있는 것으로 나타날 것이다. 그런데 이는 모든 것에서 존재자를 장악하려는 욕구[의지]가 분출하는 것을 뜻할 것이다. 그에 비해서 예술 작품에서 모든 사람이 경험하는 것은 그렇게 장악하려는 의지에 대립하는 저항 그 자체이다. 이때 저항은 존재자를 이용하려는 우리 의지의 부당한 요구에 맞서 완고하게 저항하는 것을 뜻하지 않고, 오히려 스스로 속에서 쉬고 있는 존재가 침착하게 스스로를-계속해서-내놓는 것을 뜻한다. 그리하여 예술 작품의 완결성Geschlossenheit[닫혀 있음]과 폐쇄성Verschlossenheit[숨어 있음]은 하이데거가 자신의 철학에서 제기하는 보편적 주장을 보증하고 입증하는 증거가 된다. 그 주장은 존재자가 현재의 열린 곳에 들어서면서 동시에 물러선다는 것이다. 작품의 자신 속에 서 있음은 동시에 존재자 일반의 자신 속에 서 있음도 보장한다.

예술 작품에 대한 이런 분석에서 이미 열리는 관점들은 하이데거가 이후에 걸어가는 생각의 길을 미리 그려 보여줄 것이다. 도구의 도구적 본성에 이어 [예술 작품의 샘에 대한 강연의] 마지막에 사물의 사물적 본성까지 드러날 수 있도록 해준 유일한 길은 작품을 통한 길이었다. 모든 것을 계량화하는 근현대 과학은 모든 사물의 상실을 초래했고, "자족하며 자신 속에 서 있는" 모든 사물을 설계하여 변경하는 과정에서 계산 가능한 요소들로 해체했다. 그와 반대로 예술 작품은 모든 사물이 전반적으로 상실되지 않도록 지키는 일을 맡는다. 릴케는 그 본성이 전반적으로 점차 사라지는 한가운데에서 사물을 천사에게 제시함으로써 순진무구한 사물을 시로 미화한다. 릴케와 마찬가지로 그 생각의 작업을 하는 사람[하이데거]도 사물적 본성의 상실에 대해 생각하고 동시에 예술 작품 속에서 그 본성이 보존되는 것을 인식한다. 그런데 보존은 보존된 것이 진실로 여전히 있다는 것을 전제한다. 그래서 보존된 것이 사물 자체의 진실을 함축하려면 예술 작품 속에서 사물의 진실이 여전히 분출할 수 있어야 한다. 따라서 하이데거의 논문 「사물」은 그의 생각의 작업이 나아가는 길에서 필연적으로 더 내디딜 수밖에 없는 걸음을 나타낸다. 이전에는 사용할 수 있는 도구에조차 이르지 못하고 단순히 응시나 감각의 대상으로 앞에 놓여 있다고 여겨진 것이 있었다. 이제 그것은 그야말로 어떤 용도로도 쓰일 수 없는 것이 되었고, 그 "온전한[성스러운]" 존재가 존중받는다.

그런데 이 같은 생각의 작업이 나아가는 길에서 한 걸음 더 내디디는 것을 여기[「예술 작품의 샘」]에서부터 이미 인식할 수 있다. 하이데거는 예술의 본재가 시 짓기임을 강조한다. 이로써 그가 말하려는 것은 이미 형태를 갖춘 것의 형태를 바꾸거나 이미 앞서서 존재하고 있는 것을 따라 만드는 일이 예술의 본재가 아니라는 것이다. 오히려 새로운 무엇인가가 진실한 것으로서 분출할 수 있도록 설계하는 게 예술의 본재이다. 즉 "열린 자리가 스스로를 깨서 여는"게 예술 작품 속에서 벌어지는–진실의 본재라는 것이다. 그럼에도 불구하고 좁고 낯익은 의미에서 시 짓기의 본재는 바로 본재적인 언어성으로 특징지어진다. 그 언어성 때문에 시 짓기는 예술의 다른 모든 방식과 구분된다. 물론 모든 예술에서, 즉 건축예술과 조형예술에서도 본래적인 설계와 진실로 예술적인 것은 "시 짓기"라는 이름으로 불릴 수 있다. 하지만 아무리 그래도 실제 시 작품에서 벌어지는 설계는 [다른 예술에서의 설계와] 그 종류가 다르다. 시로 지어진 예술 작품을 설계하는 것은 앞서 닦인 것에 묶여 있다. 저절로 새로 설계될 수 없는 그것은 언어라는 앞서 닦인 궤도들이다. 거기에 시인은 너무나 의존하고 있어서 시로 지어진 예술 작품의 언어는 같은 언어를 구사할 수 있는 사람들에게만 이를 수 있다. 그러니까 어떤 의미에서 "시 짓기"는 돌덩이, 색채 혹은 소리로 건축하거나 조형하는[작곡하는] 이차적인 형태보다 더 적은[좁은] 설계이다. 하이데거에 따르면 "시 짓기"는 모든 예술 창작이 지니는 설계의 성격을 상징한다. 여기서 말하는 시 짓기는 진실로 마치 두 단계로 나뉘는 것 같다. 언어가 힘을 발휘하는 곳에서 늘 이미 벌어진 설계의 단계와 이 첫 번째 설계로부터 새롭게 시로 짓는 창조를 분출하게 하는 설계의 단계이다. 언어의 선행성은 시로 지어진 예술 작품의 독특함을 이룰 뿐만 아니라 또한 모든 작품을 넘어서서 모든 사물 각각의 사물 존재에도 적용되는 것처럼 보인다. 언어의 작품[작동]은 존재의 가장 근원적인 시 짓기이다. 모든 예술을 시 짓기로 생각하며 예술 작품의 언어로 된 존재를 드러내는 생각의 작업은 그 자체로도 여전히 언어로 가는 길[『언어로 가는 길Unterwegs zur Sprache』]에 있다.